精神科医
越智啓子

一瞬で愛に満たされる

祈りの奇跡

廣済堂出版

まえがき

この本を手に取ってくださって、本当にありがとうございます。

「祈りの奇跡」というタイトルに引かれて、思わず手に取ったのかもしれません。私もこのタイトルの魅力に引かれて自然に導かれるように、祈りについてのさまざまな体験と思いを綴ってみました。


あなたは、どんなときに祈っていますか？

祈っているとき、どんな感じがしますか？


祈りは不思議な力を持っています。

私たち人類は、さまざまな困難に遭ったとき、祈るという習慣を続けてきました。思いが確実に通じることを、何度も人生をくり返す中で覚えているのだと思います。

祈りは、宇宙に満ち満ちている愛と共鳴して、素晴らしい力になり、あっという間にその対象に伝わっていきます。

私は精神科医ですが、難病を持って生まれたので、子どものときから祈りが手放せない人生を送ってきました。

つらいときに、必死で祈ってきた思い出がたくさんあります。薬の副作用に苦しみながら、祈りを頼りに何とか学校に通いました。

自分の体験を生かして医師になりたいと、必死に祈りながら勉強して無事に医師になりました。

そして研修医のとき、患者さんに処方する薬を飲んで副作用の強さにびっくりして、薬を使わない治療を追究してきました。

そのおかげで、今では手から出る愛のエネルギーを使ったハンドヒーリングや、愛を込めて歌うヴォイスヒーリング、笑い療法や過去生療法、香りやクリスタルなど自然界の癒しを活用したホリスティック医療を行っています。診療でも祈りの力をしっかりと活用しています。

イギリスやアメリカの医療現場では、すでに祈りが大活躍しています。医学的なデータも、どんどん増えてきました。

ガンジーさんもマザーテレサさんも、祈りながら行動する方でした。

本書でも紹介しているお二人の心の中は、祈りでいっぱいだったのです。

祈りの力は、天を動かし、社会を変えるほどのパワーを持っています。

祈りのある暮らしは、私たちの中にある愛を引き出して、祈る側にも祈られた側にも、満ち足りた幸せな気持ちを与えてくれます。

愛の祈りは、祈るほうに幸せをもたらしますが、祈ってもらうほうも愛を感じ、また祈ってもらっていることに気がつかなくても、祈りの力はその人が幸せになるように働くのです。


愛の祈りをすることで、いろんな人々とつながり、愛することが自然になってきます。

祈りについてのさまざまな面を紹介していますので、この本を通して祈りを見直してみてください。

きっと今までよりも、自然に愛の祈りができるようになると思います。祈りの力を前よりも実感しながら、祈ることが楽しくなってくるでしょう。

あなたの愛の祈りはたくさんの人々を笑顔にします。そして、あなた自身がとても愛の深い素敵な人になるでしょう。

大変動のこの時代に、ぜひ祈りを意識的に楽しくやってみませんか？
あなたと、あなたの気になる人に、愛の祈りを届けましょう！
ぜひ、祈りを身近に感じてみてください。

祈りが大好きな笑いの天使・越智啓子より

一瞬で愛に満たされる

祈りの奇跡

目次

第一章

祈りの時代　新たな時代を生きている

第二章
祈りに囲まれている私たち
見えない存在とつながる

第三章

祈りの奇跡

私たちの中にある愛に気づく

第四章　愛の祈り　主体性のある人生を創造するために

装丁　高瀬はるか
カバーイラスト　押金美和

第一章

祈りの時代

新たな時代を生きている

なぜ私たちは祈るのでしょう

あなたは日々祈っていますか?

きっとこの本を手に取って読みはじめたということは、祈りをすでに習慣にされているのかもしれません。そして祈りの必要性を感じておられるからだと思います。

大切な人が病気になったり、かわいがっているペットが死にかけたり、台風が来てせっかく育てた果物や野菜やサトウキビが全滅しそうなとき、自然に私たちはそれらの無事を祈ります。

自分ではどうにもできなくなったとき、私たちは偉大なる力の応援をもらうために、必死で祈るのです。

なぜ、私たちは祈るのでしょうか?

実は、私たちは無意識に祈りの奇跡的な力を知っているからです。

祈りは、ただのお願いごとではありません。自分のパワーに神のパワーも加わり、何倍もの力になって、宇宙を駆けめぐります。パワーを持った意識が、速く強く、時間を超えていきます。

私たちは、今までにくり返してきた人生という体験の中で、たくさん祈り、たくさんの思いが通じて、奇跡を起こしてきました。ですから、私たちの心の奥にある魂は、祈りの力を覚えています。だからとっさのときに祈っているのです。

祈りは、「神への必死な問いかけ」であり「宇宙への宣言」として、とてもパワフルな行動なのです。


魂にとって、祈ることは永遠の習慣です。

私は、毎日祈っています。祈ることが日課であり、あたりまえの習慣になっています。まるで特異な才能のようにしっかりと身についているのです。

私の魂の歴史の中では、祈り続けた人生が何度もあります。まさに、祈り込んできた〝祈りの魂〟です。その経験から、「必ず祈りが通じる」「宇宙はキャッチしてくれる」という強い信念があります。

ちょうど今、五木寛之さんの『親鸞』(講談社)を読み終わって、深い感動に包まれていました。南無阿弥陀仏の念仏をひたすら唱え、どんな難関をも乗り越えた親鸞という熱い魂に触れて、私の魂も共鳴しました。

宇宙のしくみを説いた仏教だけでなく、キリスト教やほかの教えをずっと追求してきた私の魂は、親鸞の念仏に触れたとき、自分の中の祈りの歴史が強く揺さぶられ、思い出してスイッチが入りました。

念仏も祈りだと、親鸞の人生を読みながら思ったのです。


『親鸞』を読み終えた夜には、伊勢神宮の内宮で20年に1度の大切な行事がありました。テレビの中継を見て、儀式が無事に終わったと知り、いよいよ日本の神々が蘇ってきた、まさに「このときを待っていた！」と魂が叫んでいるかのように、日本の地球の大変革がはじまったと強く感じました。

本書を書きはじめた２０１３年は、伊勢神宮と出雲大社のダブル遷宮がありました。そういうスペシャルなときに、私は祈りの本を書くことになっていたのです。

いつも本を書くたびに、いのちを紡ぐように丁寧に書いてきましたが、祈りも、いのちを紡ぐような、いのちがけのものです。ただ軽くお願いごとをするのは、単なる願かけですが、祈りは全身全霊を込めるものです。ですから、奇跡が起きるのです。

祈りの時代がやって来た！

「祈りの時代」と聞いたとき、どんなイメージを持ちましたか？

優しい感じがしますか？

宗教的な感じがしますか？

もちろん、宗教が人類の進歩にとても貢献した時代がありました。でも今は、宗教を超えた日常に、習慣としての祈りがとても必要とされています。

なぜなら、いよいよ地球も大変革の流れの中に突入したからです。それは、経済や医療、あらゆる分野でその兆しが感じられるようになってきました。

祈りについてもそうです。

祈りは、古来より引き継がれ、近代化した今の時代にも十分に通用していますが、むしろ今だからこそ、とても大切になってきたと言えます。

とくに、２０１１年３月11日の東日本大震災のときから、毎日のように、世界中から日本に祈りが届けられました。

北米のインディアンの部族からも、日本のために平和の祈りが届けられました。

祈りは、1人で祈ったときでも宇宙に放たれてパワーを発揮しますが、たくさんの人々が祈ると、そのパワーは何倍にも大きくなります。

そして、宇宙に満ちている愛というエネルギーと共鳴して、あっという間に宇宙に響き渡るほどの即効性を持っています。


私にとって、クリニックに来院される患者さんの幸せを祈ることとは、とても自然で日常的です。「祈っています！」と患者さんに話すときは、本当にずっと祈っています。

自分という意識体の中に「祈りの場」のようなところがあって、そこにインプットすると、ずっと継続して祈り続けています。

祈り続けるという行為は、意識の世界ではしっかりと存在しています。

でもだからといって、何時間も時間をかけなければいけないという意味ではありません。

祈りの本質がわかってくると、言葉で長くくり返して言うものではないことがわかります。

祈りは自分が信じている「神のような存在」、遺伝子の研究者として、そして祈りについても研究されている村上和雄先生の表現では、「サムシング・グレート」に向かって、宣言するかのように言葉を放つことです。

言葉は、それ自体がパワーを持っているので、宇宙に放たれると波紋が広がりいろんな人々の想念と共鳴して大きくなるのです。

祈りというのは、単なるお願いごとを突き抜けて、魂の働き、意識の力として、しっかりとした実態があるものだということを、最初に伝えておきたいと思います。

祈りのある医療がはじまっている

私自身も診療の中で、祈りを取り入れてきましたが、イギリスではすでに、医療における祈りの効果が認められています。大きな病院では祈りのチームがあります。この効果について、たくさん研究と実験がなされました。

たとえば、がんの患者さんに祈りを取り入れると、安心感と癒しという効果だけではなく、実際にがんが消えたり、小さくなったり、進行が止まったという奇跡的な効果が実証されています。

ホリスティック医療を推進されている帯津良一先生も、「気」の医学会のメンバーとホリスティック医療の実態を見るために、イギリスに何度も足を運んでおられます。

イギリスでの医療における祈りの効果は、とくにがんの患者さんの治療において実証されています。あたりまえのように、祈る人々が治療チームに参加しているのです。これは理想的な医療で素晴らしいことだと思います。

イギリスのマイケル・ディクソン博士やロージー・ダニエル博士によると、イギリスには、約1万4000人も「ヒーラー」がいるそうです。

イギリスだけでなくアメリカでも、看護師が祈りやレイキ、ジョレイなど、日本からスタートしたハンドヒーリングを、積極的に治療に取り入れているそうです。

これから、「祈りによる医療」がメインとなっていってもいいのではないかと思います。

そのためにも、日本では医療の大変革が求められています。

〝薬漬け〟の医療、検査中心の医療、心を無視した医療から、いよいよ卒業するときを迎えています。

その兆しのように、今日本では現役の医師たちが、医療革命を起こそうとする本がどんどん出ています。とくに近藤誠先生の活躍は素晴らしく、医療の実態についてわかりやすく解説した本が、次々と出ています。『患者よ、がんと闘うな』、『がん放置療法のすすめ』（ともに文藝春秋）、『医者に殺されない47の心得』（アスコム）、『「余命3カ月」のウソ』（ベストセラーズ）など、ズバズバと本音が書かれているので、読んでいて気持ちがスカッとします。

「がんが恐ろしいのではない、がんの治療が恐ろしいのです。歩いて病院に行ける人間が『余命3カ月』なんてありえません。余命宣告の多くは、患者を治療に追い込むための脅しです」と言い切っています。

近藤誠先生は、「余命3カ月」と医師に言われ、手術や抗がん剤治療をすすめられても、そのまま自然に様子を見続けた患者さんを150人、最長23年間も見てきたそうです。乳がんと診断されても手術を断り、23年間も異常がない患者さんもいるそうです。そしてそのまま記録を更新中です。

カナダの医療ではがんは放置するのが主流です。そのほうが長生きできるからです。

精神科の医師がこうして「祈り」の本を書くことで、少しでも祈りを取り入れた医療が進むようになると信じています。

香りやクリスタルを使ったハンドヒーリングやヴォイスヒーリング、過去生療法まですするホリスティックな治療は、今の医学では理解できないかもしれません。でも私の本のファンや、講演会にも医師の方々が多くなってきました。

祈りを医療に取り入れることは、自然に愛のある医療となります。

「肉体」だけが人間だと思い込んでいる医療からの卒業です。

祈ることで、宇宙にあふれている愛を取り入れることができます。そして愛は、すべてを溶かすパワーを持っています。

愛と笑いの癒しという診療を中心に行っていると、愛のパワーの素晴らしさをひしひしと実感できます。

最近、こんなケースがありました。

体調が悪くてやりたいことができない青年が、ハンドヒーリングとヴォイスヒーリングを受けました。ハラハラと涙を流して、身体のブロックがほどけてきました。

さらに過去生の〝謎解き〟をしたあと、まるで土の中から出て自由になったかのように、晴れ晴れと体が軽くて楽になったと喜んでいました。

薬を使わずに治療する方法を追究してきて、本当によかったとしみじみ思いました。

もうひとつ、印象的なケースを紹介しましょう。

仕事への不安や両親との葛藤について、クリニックに相談に訪れた30代の女性がいました。彼女の過去生は青年時代をインディアンとして過ごし、チベット僧の時代、悲運な女性だった琉球時代があり、それらを解放していくと、次第にこわばった顔もゆるんで笑顔になりました。

それから半年後の2回目の再診では、さらにくの一時代を解放し、中国時代での〝出産のブロック〟をはずしました。

すると、まだ相手も見つかっていないのに出産の準備をするという気の早い流れになりました。というのも、彼女のそばには彼女を選んだ子どもになる魂さんがいて、「出産のブロックをはずしてください」とリクエストがあったからです。

子どもになる魂さんが、何と愛のキューピットとして素敵な相手に引き合わせてくれるそうなのです。

それからさらに3年後の再診のときです。

彼女は赤ちゃんを抱っこしていたので、私が「お姉さんの赤ちゃん？」と聞くと、「啓子先生、私の子どもです！　本当に私が子どもを産みました！　私は結婚はできないと思っていたし、子どもなんてとんでもないと思っていたのに、トントン拍子でした」と言うのです。

私は本当にびっくりしました！　嬉しくて、思わず赤ちゃんを抱っこしてスリーショットの写真を撮りました。まるで、自分の娘がやっと孫を産んでくれたような、そんな温かい気持ちになりました。

この仕事を続けてきて本当によかったとしみじみ心から思えました。

やがて、愛のあるホリスティックな医療が中心になっていきます。それも遠い未来ではないでしょう。意識による変化は、あっという間に起きるからです。

私たちの意識は、奥深いところでつながっています。誰かが目覚めると、それは意識のつながりとして、必ずみんなの目覚めになっていきます。

イギリスからはじまった祈りの医療は、やがてじわじわと世界にも広がっていきます。それが本物であれば、必ず浸透していくのです。

私たちの中にある「祈りの遺伝子」

村上和雄先生の『奇跡を呼ぶ100万回の祈り』（ソフトバンククリエイティブ）によると、私たちはいろんな夢が叶うためのあらゆる遺伝子をもれなく持っているそうです。

もちろんその中に「祈りの遺伝子」もあります。

だからこそ、私たち人類はどこにいても、どんな宗教でも、祈りを古代から大切に続けてきたのです。

いのちがずっと引き継がれてきたように、祈りも引き継がれてきました。

そしてこれからさらに、祈りの意味が、日常生活になくてはならない中心的な存在になっていきます。

まさにこの本を織物を織るような厳粛な気持ちで綴っているように、揺るぎない祈りは美しい織物を創ります。

そのような全身全霊を込めた切なる祈りは力強く、宇宙に遍満する愛のエネルギーと共鳴して、美しい「宇宙交響曲」となって響き渡ります。

祈りは音楽、響きでもあるからです。

心地よい音楽のような祈りが、それを受け取る人の「祈りの遺伝子」にスイッチを入れます。スイッチが入った人はまた、祈りをはじめます。


祈りのパワーは、人から人へとつながり、祈りの連鎖がはじまります。

それほど、祈ることは人間の根源的なものであり、いのちの発露でもあります。

あらゆるいのちは、生きているだけで、いのちの歌を歌っています。祈ることは、人間らしいいのちの歌を歌うことです。

祈りを日課にして、「祈りの遺伝子」のスイッチをオンにしましょう！

祈ることで、ハートから出る愛のピンク光線が、泉のようにどんどん湧いてきて、最大のパワーで愛が引き出されていきます。

なぜなら、この広大な宇宙は、愛からできているからです。その愛に包まれて、私たちは人生を創っているからです。

愛がもとにあるのですから、すべてうまくいくようにできているのです。

愛に満ちている宇宙は、私たちに思った通りの現象を送り続けるのです。

クリニックでの診療のあとに、〝解放記念〟のバンザイ三唱と、魔法の言葉「すべてはうまくいっている！」を唱えながら横歩きをする「カニ踊り」をするとき、最近しみじみと「本当にすべてはうまくいっているわ」と感じます。

「すべてはうまくいっているから、大丈夫」このフレーズを、ずっと唱えて潜在意識にしっかりと刻み込むことは、祈り込むことと同じことなのです。

私も波瀾万丈の今回の人生の中で、たくさん祈り込んできました。

小学生のころに書いた懐かしい赤い日記帳が残っていますが、そこにはつたない字で、「一生懸命に勉強します！　親孝行もします！　だから、どうか体のことだけは、神様よろしくお願いします。何とか生きていけるようにお願いします」と必死の祈りが書かれています。

その時から、私の中の「祈りの遺伝子」はスイッチがオンになったのだと思います。

祈るしかほかに方法がないことがたくさんありました。そんな時、必ず祈りをしてきたのです。

医学部を目指していた受験生のときに「世界人類が平和でありますように」という世界平和を祈る会に出会いました。とても面白くて愛がいっぱいの五井昌久先生の漫談を時々聞きに行って、エネルギーの補充をしていました。

医学部に入る前に「いのちはもたないかもしれない」と言われていたのですが、世界平和を祈ることで、私のいのちは低空飛行のように、何とか乗り切ることができました。そして愛と笑いの癒しに、今でも影響が残っていると思います。

「ステロイドホルモンを飲み続けなければ死ぬ」と主治医に脅かされましたが、飲まなくても、ちゃんと元気に生き続けています。祈りで病気も克服できるのです。

神に祈ることが、とても自然でした。

その時は、苦しみから逃れるために必死でしたが、私は祈ることで、ここまで生きてこられたと本当に思っています。

波瀾万丈の人生がようやく落ち着いてきて、沖縄に移住して「天の舞」という木造の素敵な終《つい》の棲家《すみか》もできました。

小学校のときに、木造の体育館で「こんな広い木のお家にいつか住みたい！」と校長先生のお話も聞かずに建物をじっくり見ながら祈っていた思いが、やっとご褒美として宇宙から届いたように思いました。

建築の過程でも難航したときがありましたが、祈ると直感が降りてくるのです。そしてその通りに行動すると、するっとハードルを越えることができるのです。

祈りは必ず宇宙に通じて、いつかは答えが返ってきます。それを自ら実証して見せることで、祈りの力の素晴らしさを、私は実感しています。

宇宙を信じて祈りましょう。

宇宙に向かって祈りましょう。

宇宙に広がる愛が、私たちの祈りを必ずキャッチしてくれるのです。

祈りは私たちの壮大なプロジェクト

日本の科学者で「見えない世界」を探究した関英男先生の本によると、愛の祈りの波動は、光よりも速く伝わり、宇宙に届くそうです。そして一瞬にして、その祈りが聞き遂げられるそうです。

関先生の著書『生命と宇宙』（ファーブル館）の中に、祈りと愛について書かれています。**祈りに愛を込めることで、光よりも速く届いて共鳴し、創造性があふれている宇宙に響きわたり、返ってくるそうです。**

また祈りが叶えられることによって、祈りの効果を体感することができ、だからこそ、私たちは祈り続けてきたのです。

つまり、祈りに絶大な力があることを、今までの体験から魂が覚えているのです。

祈りは科学的な解説がなくても、誰もが感じている人生の前提の一つであり、人生を大きく変える力があります。

信じられない人もいるかもしれませんが、大変動がどんどん起きてくる時代だからこそ、祈りを習慣として、しっかりと取り入れることが大切です。

祈りを生活の一部にして、まずは、自分で感じてみましょう。

祈りは全員参加の大イベントです。それも地球をユートピアにする壮大なプロジェクトなのです。各人が自分でやれることをしていけばいいのです。

祈りは世界を変える力を持っています。さらには、宇宙とずれた状態を中心に戻す作用があるのです。

ふるさとの星と対話をしましょう

拙著『人生の選択』（徳間書店）でも紹介したように、「星に願いを」と夜空の星々に祈る習慣が私たちにありました。しかし光の速度を考えると、祈りが届くまでに、何万光年もかかると思ってしまいます。

でも、祈りは光よりもずっと速いのです。

祈る思いは、一瞬で星に届きます。

気になる星に向かって話しかけてみましょう。必ず星が点滅して答えてくれます。まるで星と対話しているかのような楽しい反応があります。

私も金星や鯨座のミラ星とよく対話をします。本当に反応して、キラキラと輝いたり、揺れたりします。

金星はほかの星よりもいちだんと強く輝いているので、見つけやすいし、対話しやすい星です。

私の〝金星友達〟も、毎晩ふるさとの金星を眺めて、対話をしています。雲で隠れても、

「金星さん、姿を見せてください」と祈ると、ちゃんと雲から出てきて挨拶してくれるそうです。

毎日眺めて手を振っているので、ちょうど視界に入るお家の人がびっくりして、カーテンをさっと閉めることもあるそうです。

身近な月も対話をすると反応してくれます。

「天の舞」を設計した小西昭臣さんという面白い方がいます。沖縄の伊江島という北部の離島に木造の面白い家を建てたとき、できあがって月夜の晩に月に話しかけたら、月がとても喜んでダンスを踊っているかのようにしばらく揺れていたそうです。この様子はほかの人たちも見ることができたし、またビデオにも撮られています。

これからは、星空を見て、気になる星があったら、ぜひ対話をしてみましょう。祈りは宇宙との対話でもあるのです。

気になる星は、あなたが地球に来る前のふるさとの星です。昔の仲間から、メッセージや愛のエネルギーが届けられるのです。

体の中にある宇宙

ふるさとの星から、愛のエネルギーを受けとめるのが頭頂部、つむじです。ふるさとの星から応援のエネルギーをどんどん受け取るためにも、つむじのお手入れが大事です。

つむじのお手入れなんて、はじめて聞く方も多いと思います。

つむじのお手入れとは、潜在意識にたまっている怒りや悲しみ、憎しみ解放するということです。

よく「頭にきた！」「本当に頭にくる！」という表現をしますが、怒りが激しいと頭のつむじにまで、怒りが上がってくるのです。

つむじを触ってみてください。ぶよぶよして熱を持っていたら、怒りがたまっています。怒りには「ヤロウ」というアロマか、グレープフルーツの香りをかぎながら、大きく息を吐き出すとすっきり解放されます。

私たちは、銀河のような素晴らしいつむじを持っています。

体そのものが宇宙の一部なので、宇宙の不思議が体にすべて入っているのです。

あるとき「天の舞」に来てくれた生後2ヶ月の可愛い赤ちゃんのつむじは、本当の銀河のように渦を巻いて、スピンしていました。

赤ちゃんが一点を見て笑っているときは、そこに赤ちゃんの守護天使さんが必ずいます。赤ちゃんがさびしがらないように、守護天使がちゃんとあやしてくれているのです。

その赤ちゃんは、チベットの僧だった経験があるようで、友人がチベットに旅をしたときの写真を次々に見せてみると反応していました。そして可愛い手の指で印を組んで、瞑想するように寝ていました。

こういう様子を見ると、祈りは大人になってはじめるものではなく、すでに魂として根づいている習慣なのだと思います。

こんな話もあります。

友人の息子さんが、小学校5年生のとき、健康診断を受けるためにパンツ1枚になって順番を待っていました。ほかの児童たちは騒いでいるのに、彼だけは印を組んで、椅子の上で瞑想していたそうです。

担任の先生がそのエピソードを覚えていて、久しぶりに偶然に再会したときに話してくれたそうです。

そういえば、私も小学校6年生のとき、学校から帰ってくると暗い部屋の中で、座禅を1時間くらいしていたことがありました。書棚にあった鈴木大拙さんの禅の本を読んで感銘を受け、体験していたのです。

誰かからすすめられたわけでもなく、子どもなのにすでに祈ることに関心を持っていたのは、本当に不思議です。

祈りは行動につながっている

祈ることは、意識の行動です。

祈りは、私たちの本質である意識に一瞬にして立ち戻り、意識としての働きを宇宙で行える大切な行為なのです。

祈りが行動的になると、自然に祈りと行動が同時に進むようになっていきます。

そうすることで、行動にも宇宙パワーが入ってくるのです。

行動して行きづまると、そこで祈りを自然にするようになります。その結果、夢が叶ったり、プロジェクトがはじまったり、いつの間にか、いろんな人を巻き込んで大きな夢が叶ったりします。

このように、祈りと行動を実践した人々はたくさんいますが、わかりやすいお手本を紹介したいと思います。

男性ですぐ浮かぶのがガンジーさんです。

女性ですぐ浮かぶのがマザー・テレサさんです。

ガンジーさんは、インドの独立のために、非暴力主義という無謀にも思える哲学を掲げて、祈りと行動とをみごとに連携させた結果、不可能を可能にした真の祈り人です。私は映画『ガンジー』を何度も見て、深く感動しました。

ガンジーさんの生き方を見て、深く祈る人は、大きく行動するのかもしれないと思いました。

宇宙のパワーを味方にして、思いがけない行動ができるのだと、しみじみ思いました。

この本を書くにあたって、ガンジーさんの本をいろいろ読んでみましたが、彼の静かな行動の中に、「糸紡ぎ」というのがあります。

インドは長い間、イギリスの植民地でした。そこでガンジーさんは、そのことから抜け出すためには、衣服のためにイギリスから買わされていた綿を、自分たちで作ることだというアイデアが湧いてきたのです。

自分の着る衣服の生地を自分で紡ぐことで、祈りながら、ほかの人々へも自立をうながしたのです。

祈りの中から素晴らしいインスピレーションを得たのでした。

誰にでもできるシンプルな糸紡ぎは、祈りにも通じる静かな力があります。

祈りと行動が合体したガンジーさんならではの提案でした。もちろん、ガンジーさん自身も糸紡ぎをして、自分の服の布は自分で作る姿勢を見せました。

提案するだけでなく、自分もやって見せるところが、有言実行の素晴らしさです。

行動してこれ以上は先に進めないと思ったときに祈り、祈ってまだまだできると感じて行動し、また祈る……。

ガンジーさんが自ら糸を紡いだように、祈りと行動が縦糸と横糸のようになって、布という作品ができていったのです。

糸車をくるくると回すことは、まるでチベットの祈りの道具、マニ車を回すような宇宙の根源、スピンにつながっています。

スピンする動作は宇宙とつながります。スピンすることで、自分の中の宇宙の中心とつながりやすくなるのです。

マザー・テレサさんも、祈りの人でしたが、2人に共通しているのは、うまくいかないときは祈るだけでなく、行動を起こしたことです。ハンガーストライキという行動をしたことも共通しています。

マザー・テレサさんがバチカンに用事があって訪れたときに、カトリック教会の総本山にもホームレスがたくさんいることに衝撃を受けました。

マザー・テレサさんは、すぐに貧しい人々のための施設を作る許可を申請しましたが、すぐに断られます。すると、用事をすませる前にハンガーストライキをして、とうとう許可をもらってバチカンに施設を作ってしまったのです。

堕胎制度にも反対して、生まれた子どもを自分のところで育てました。ガンジーさん同様に、まさに有言実行の素晴らしい人です。

『マザー・テレサ』という素晴らしい映画では、20数年間もマザー・テレサさんの役を演じたいと思い続けてきた女優、オリビア・ハッセーさんがみごとに演じています。

このように、魂から祈る人は、行動もします。

祈りは行動とともにあって、現実化するのだと思います。自ら実行することで、共鳴した人々があとに続き、祈りと行動をともにしてくれるのです。

それはやがて大きなうねりになって、社会はもっと住みやすく変わっていくでしょう。

ですから、祈りと行動は、地球のユートピア実現へのプロセスには欠かせない、とても大切なことなのです。

祈りと行動の人、ガンジーさんとマザー・テレサさんに続いて、私たちも本当の平和な世界を創っていきましょう。

ユートピアは、一人ひとりの祈りと行動で実現していくのです。

意識を持った光につながる——祈りと瞑想の関係

祈りと瞑想はとても近い関係にあります。

「天の舞」の瞑想ルームでは2ヶ月に1回のペースで瞑想会を行っていますが、瞑想が自然に「愛の祈り」になります。そして、祈りと瞑想は、どちらも目を閉じるということでも一致しています。

祈りをさらに深く長く続けて、見えない世界とつながるのが瞑想です。

瞑想では、目を閉じてリラックスしながら、意識が深く自分の魂の中、自分の中の光とつながって、現実の3次元と違う時空間を旅することができます。

目を閉じて情報を遮断することで、多次元に意識を集中させることができます。そしてリラックスすることで、自律神経の副交感神経が優位な状態になります。代謝もゆっくりになって、体温が下がってきます。意識が高まって5次元以上の光の世界とつながることができます。

つまり、瞑想は多次元につながる大切な接点です。

私たちは、3次元で活動するために、宇宙から期間限定で肉体をお借りしています。ふだんは肉体に意識が集中しているので、自分は肉体だと錯覚してしまいますが、たとえ肉体を離れても、自分という存在は続きます。

これは死んでみたらわかるのですが、それでは話にならないので、死ぬ前に意識という自分の本質を知ることが大切なのです。生きることをしっかりと受けとめて、自分が思い描く通りに生きるためのヒントになります。

今という人生を生きる中で、祈りによって、「意識を持った光」という自分の本質をしっかりととらえることができるのです。

人間は、本来光であり、意識です。

いのちとして、ずっと永遠に生き続ける「意識を持った光」です。

肉体はこの世で生きるための単なる器で、やりたいことをやり遂げたら、死を迎えて、肉体から意識が離れて光に帰ります。

しばらく気がすむまで休憩すると、また自分の意思で生まれ変わるというのが、本当の「人生のしくみ」です。

「人生のしくみ」を知ると、死はそれほど怖くはありません。

たとえ愛する人が亡くなっても、また必ず会える。それまで光として見守ってくれていると思えると、淋しくなくなります。

それまでに、いろんなことを体験してお土産話を増やしておこうと、友達と旅に出る気力まで出てきます。

亡くなった人とは祈りでつながっています。ですから、愛で満たされて残りの人生を豊かに生き続けることができるのです。

私も講演会やセミナーなどで、必ず瞑想を取り入れています。

一人の瞑想も素敵ですが、大勢で瞑想すると、さらにパワーアップして、それぞれの人の意識がつながっていきます。

講演会やセミナーには必ず多くの天使が応援に来てくれていますので、さらに5次元以上の光の世界へとつながっていきます。

何百人という大人数での瞑想は、祈ることによって、さらに相乗効果で広がるのです。

もしテレビのニュース番組で、恐ろしい事件や戦争場面が出てきても、怖がらずに「愛の祈り」をするチャンスだと思って、瞬時に祈りましょう。

その祈りは、一瞬で相手に通じます。怪我をした人は、治るのが早くなるのです。

もし、身近な人が事故で亡くなった場合、その人は被害者ではありません。事故で亡くなることを今回の人生で選んできました。ですから私たちは、光に帰れるようにと「愛の祈り」をします。祈りという応援によって、その人はすっと光に帰れるのです。

たとえ殺されて亡くなる場合も、その人は被害者のように見えますが、過去生での大きなカルマの解消のために、そのような光への帰り方を選んでいます。

いくつかの過去生のマイナスが、たった1回の人生でチャラになることもあります。

なぜ、そう言い切れるのかというと、過去生療法をして人生の謎解きをしているときに、私はいろんなケースを見て、感じた中から「人生のしくみ」を知ったからです。

たとえば、私の過去生の中で、ローマ時代の元老院の一人だったことがありました。直接ではないにしろ、たくさんの人々を奴隷にしたり、戦争でたくさんの人々を殺してしまいました。そのようなマイナスが、それからあとのフランス時代にギロチンで殺されることで、解消されました。

どんな人生も、ただマイナスが解消されるだけではなく、いろんな体験をすることで、さらに愛の表現が深まってくるという進化も伴っています。

たとえ自害した場合でも、光に帰っていきます。決して地獄には行きません。地獄という世界は、人間が作ったイメージの世界です。

私は精神科医ですが、「魂の通訳」の役割もしているので、亡くなった方の通訳もさせてもらっています。

クリニックにも、身内の方が自害したので、ちゃんと光に帰っているのか心配して聞きに来る方がいますが、みなさんちゃんと光に帰られています。

それぞれの亡くなり方にもちゃんと意味があり、理由があります。本当に「人生、一切無駄なし」です！

愛の祈りは、宇宙と共鳴して大きな力になります。ですから習慣としてみんなで行うことで、社会からの不安や恐怖に影響されなくなります。

きっと、不思議な安心感に包まれて、幸せに感じることが増えてきます。

座禅でデトックスする

ちょうどこの本を書くことになったとき、座禅断食を1年間で3回、3月、7月、10月とほどよい間隔で受けることができました。

デトックスして健康な体作りをしたかったのですが、その効果は体だけでなく、心にも見られました。

それまで目を閉じる瞑想に慣れていたので、目を開けて行う座禅に、最初はとても戸惑いを感じました。でも慣れてくると、とても面白いことに気づきました。
20分間目を開けて、深くゆっくりとした呼吸を意識して、呼吸数を数えながら集中しているると、ほかの座禅断食をしている参加者さんから白い煙のようなものが立ち上って見えるのです。

肩こりの人は肩から、咳をしていた人はのどから、頭痛がある人からは頭から、白いモヤモヤした煙が出てきて、クリアになっていくのが見えました。断食して2日目は、とくに大量に出ていました。

そして3日目には白い煙が出なくなり、座禅している参加者のみなさんの姿が、蓮の花の台座に座っているように見えました。それはまるで、チベットの仏画（タンカ）や仏像のようでした。

デトックスして波動が高まると、私たちでも蓮の花の上に乗れるくらいに浄化されるのだと、体験から気づいたのです。

最後は美しい千手観音のイメージが出てきて、そのまわりに七福神も現れ、自由に踊りだしたので、びっくりしました！　とても祝福されたイメージに囲まれ気持ちも明るくなり、すっきりと疲れもとれました。

これが最初に受けた座禅断食での不思議な楽しい体験です。

2回目の座禅断食は、長野県の松本で受けることができました。

座禅断食の指導者である野口法蔵さんは、新潟から松本に移住されて松本で月1回の座禅断食会をされています。大好きな安曇野《あずみの》で自然を堪能してから、2泊3日のコースに臨みました。

2回目は1回目よりも、さらに深くデトックスが進んだような気がします。終了後には、2キロもやせていたうえに、甘い物が以前ほどほしくなくなったので、またさらに2キロもやせることができました。

そして3回目は沖縄で受けることができたのですが、このとき座禅が深く体得できるようになりました。

それでも最初のうちはなかなかうまくいかず、つい目を閉じてこっくりと居眠りをしてしまうので、それを法蔵さんに話してみると、いのちがけの座禅の武勇伝を法話の中で話してくれました。

インドのジャングルで法蔵さんは一人取り残され、一晩を過ごすことになったそうです。

そのうち雷雨になりました。座禅は体が温かくなるので、岩の上で座禅をしていると、稲光に照らされ見えたものがありました。何とそれは、巨大なベンガル虎だったそうです。少しでも動いたらパクリと食べられてしまいます。

法蔵さんは微動だにせず座禅を続けました。

すると、しばらくベンガル虎は法蔵さんのまわりをぐるぐる回り続けていたそうですが、そのうちどこかへと消えていったそうです。まさにいのちがけの座禅だったのです。

その話を聞いて、私は座禅をするときベンガル虎をイメージしてみることにしました。その方法がバッチリと効いて、しっかりと目を開けたままゆっくり呼吸に集中することができ、20分で100回くらいだった呼吸が、74回までぐんと減ったのです。

まわりを見ると、ほかの参加者の人たちも、それまで居眠りしていた人が何人かいたのに、いのちがけの座禅の話を聞いて、姿勢もよくなり全員がとてもいい状態で座禅ができるようになりました。

翌日の朝も、ベンガル虎のイメージでバッチリ座禅ができていたのですが、ベンガル虎が顔の近くにまでどんどん近づき、ついに私の顔をぺろりとなめたのです！

びっくりして、これは続けられないと思って、ベンガル虎のイメージから、大好きながンジーさんに変えてみました。

するとガンジーさんは、ぺこんとへこませたお腹を見せてくれたのです。私も息を吐くときに思いきりお腹をへこませるようにしてみました。

そのようにしてみると、20分の座禅の間、呼吸数が一気に27回に減りました。15秒で吐いて、5秒で吸ったあとに、しばらく息を止めてみました。そのときに意識が宇宙の中心につながるということを、本で読んだのを思い出しました。

宇宙の中心とは、桃源郷やニルバーナ、ニライカナイなどいろんな名前で呼ばれている神聖で気持ちのよい世界のことですが、至福感に包まれて、最高に幸せな気持ちで心があふれました。

断食を目的にしていた座禅断食が、回を重ねるうちに、呼吸に意識が向きはじめました。

今まで無意識にしていた呼吸が、座禅によってゆっくり深い呼吸ができるようになりました。そういえばダイエット方法としてはやっている「ロングブレスダイエット」もしっかり呼吸をすることで、デトックス効果を上げています。必要なことは、自然に社会でも取り上げられるようになっているのです。

２泊３日の断食で効果が出るのも、座禅によって自律神経の交感神経と副交感神経ともにバランスが取れて、デトックスがうまくできるからだそうです。

深くゆっくりした呼吸は、肺の中の空気をしっかり入れ替えて、体中に酸素を行き渡らせることができます。

体温も免疫力も上がり、また潜在意識にたまっていた感情のエネルギーまで解放されます。体のデトックスだけでなく、心のデトックスにもなるのです。

「呼吸」は祈りの大切な道具

呼吸は祈りにとって、とても大切な道具です。

祈りと呼吸がつながったときに、私たちのパワーは一気に増大します。

それまで自信がなかった自分が、これならできると力を注げるものだからです。

呼吸で大切なのが、呼気です。

ゆっくりとしっかり吐き出すと、自然に空気がたくさん入ってきます。そのあと少し呼吸を止めることで、宇宙の中心とつながることができます。

時空を超えられる大切な感覚に到達できるのです。

もっと呼吸に意識を向けましょう。

呼吸と祈りは、宇宙につながる大切な窓口です。

深く祈ることで宇宙がぐっと近くになり、孤独感も消えていきます。宇宙との一体感を得られ、勇気も湧いてくるのです。

そして座禅も習慣にできると、ふだんからもゆっくり深い呼吸ができるようになります。

座禅は、宇宙から預かっている体を心身ともにメンテナンスをするようなものです。呼吸がしっかりできるようになるところが、座禅の最大効果だと言えます。

外の宇宙とつながる瞑想と、内なる宇宙とつながる座禅

瞑想はリラックスして、限りなく副交感神経優位になっていきますので、意識は自由に飛び、時空を超えて別次元に行くことができます。

意識が肉体から離れる体験が得られるのです。体から離れて外の宇宙へ飛び立っていく

感じです。

それに対して、座禅は内なる宇宙へつながります。

途中のプロセスが違うだけで、目指すところは同じ宇宙です。

睡眠は目を閉じるので、瞑想に近いのだと思います。

睡眠は1時間半、90分が一区切りです。1時間半の区切りで目覚めると、すっきり目覚めることができますが、瞑想の15分は、睡眠1時間半分に相当するそうです。ですから、どうしても睡眠時間が足りないときには、瞑想をすることで睡眠を取ることができます。

朝に座禅をして、夜寝る前に瞑想するのが理想的だと思います。

私の講演会ではいつも瞑想の時間がありますが、座禅も取り入れて、参加者のみなさんに座禅と瞑想の違いを体感してもらうようにしました。

「天の舞」の瞑想会で前半を座禅に、後半を瞑想にしてみたら、とても素晴らしい体験ができました。それからは、「座禅瞑想会」と名前も変えて、両方の素晴らしさを体験してもらっています。

座禅によって、体をしっかり整えて、地に足がつく状態にします。それから瞑想をする

と、瞑想がとても気持ちよくできるのです。

みなさんもぜひご自宅で、座禅と瞑想を両方やってみてください。

だんだん慣れてくると、上手に使い分けることができます。

暑いときは瞑想でクールダウン、寒いときは座禅で体を温めることができますから、それぞれのよさを体感して、日常に取り入れてみましょう。

きっとあなたはいつの間にか、人生の達人になっています。

祈り人ガンジーとともに、祈りの時代へ

昔からなぜかガンジーさんが大好きでした。沖縄である瞑想会に行ったとき、主催者の方もやはり大好きで、インドのガンジーさんのお寺によく訪れていた方でした。

その方の自宅には、慈愛あふれるガンジーさんの写真が飾られていて、それを見たとき、あまりにも懐かしくて愛おしくて、思わずそのパネルに擦り寄ってしまいました。

それを見て「そんなにガンジーさんが大好きなら、その写真を差し上げますよ」とくださったものを、今では座禅の時に目の前に置いて重宝しています。

私の世界観では、大好きなガンジーさんがいつも瞑想の中で応援してくれています。

座禅断食のときに、ふとガンジーさんをイメージしたことで、より深く呼吸ができるようになり、座禅もしっかりできるようになったことからも実感しています。

まるでガンジーさんから「よくここまで来られたね」とねぎらってもらっている気がします。

みなさんも、人生の先輩として、好きな人がいたら、その人をイメージして指導を仰ぎましょう!

光に帰られている人なら、きっと光としてすぐに応援に来てもらえますよ。

私たちの人生は、自分の思いで創られています。ですから自分の好きなように思い、好きなように人生を創っていきましょう。

まるで映画を創るように、自分の人生の舞台を創ることができます。

あなたが主役で、しかも監督も兼ねています。自作自演の素敵な映画をワクワクしながら創っていきましょう。

そしてそこには、祈りが大きく関わってきます。祈りは宇宙とつながる素敵な連絡方法だからです。

祈りの力が思っていた以上に効果があったら、祈りをもっと意識して日常に取り入れていきましょう。

それによって宇宙ともっと身近につながり、人生を創っている醍醐味が味わえます。自分の人生を宇宙とともに創っている素晴らしさを体感できます。

「祈りの時代」とこの本の第1章の題にしたように、大変革の時代だからこそ、みんなで祈って平和で笑顔いっぱいの世界を創っていくのです。

祈りの時代がやって来ました。

ガンジーさんが祈りと行動でインドの独立を招いたように、私たちも祈りと行動で日本と地球の平和を招きたいと思います。

日本がアメリカから独立して、地球の平和の指導者として動き出したときに、大きなうねりができていきます。

今までに世界中で人災や天災が起きた非常時に、日本は援助の手を差し伸べてきました。その恩返しのように、3・11のあと、世界中から援助の寄付と祈りが届けられています。

人災や天災は、ときに祈りのスイッチをオンにします。それは愛の循環がはじまるスイッチになるのです。

さあ、これから祈りを習慣にしましょう。

愛の祈りで日本を、地球を平和にしましょう。まずは自分を、家族を、まわりの人たちを平和にしましょう。

平和創りのタイミングがやって来ました。

あなたの人生に、毎日の生活に祈りが加わりますように。

そしてあなたの祈りがさらに深まりますように！

第二章

祈りに囲まれている私たち

見えない存在とつながる

日本にはこんなに多い祈りの「場」

日本は、地球上では最古の国として、約２０００年以上続いているとても珍しい神の国です。祈り継がれた神の国と言ってもいいほどです。

だからこそ、私たちは地球での最後の転生を日本で迎えたいと、今回の人生の誕生国に日本を選んできました。

まさに最後の締めくくりに選んだ「祈りの場所（国）」なのです。

日本の文化は、生活の中にたくさんの祈りが根づいています。

1年の行事を思い出しても、私たちはいろんな場面で祈っています。

まず、お正月には初詣に行って、1年間つつがなく過ごせるようにと祈ります。

多くの人が毎年、あたりまえのことのように、どんなに混んでいても初詣をする習慣が身についています。

初詣は、新しい1年をお迎えする大切な「魂の宣言」なのです。

また、生まれてからはお宮参りをします。そして、成長を祝う七五三のお祝いをします。

そのほか、春、夏、秋とそれぞれの季節に合わせたお祭りもあり、五穀豊穣と家族みんなの幸せを祈ります。

修学旅行をはじめ、大人になってから旅するときにも、行った先の神社やお寺をお参りする習慣があります。ツアー観光にも、たくさん組み込まれています。

また日常でも、近くの神社やお寺参りを習慣にしている人はとても多いと思います。

私は、数字が大好きなので、神社やお寺の数をちょっと調べてみました。

全国には小さな神社や大きな神宮を入れて、8万1320社もあります。

全国でもっとも神社が多いのは、高知県です。全国平均の4・5倍もあります。

それから福井県、富山県、新潟県と続いており、北陸地方は神社がとても多いことがわかります。

反対にもっとも少ないのは、何と沖縄県です。13社しかありません。先祖崇拝のところですから、歴史的な背景によるものだと思います。

全国のお寺の数は、7万5924寺あります。一番多いのが、愛知県で5145寺。次が大阪府、兵庫県、東京都、滋賀県、京都府。意外にも京都は6番目です。

神社とお寺を合わせると、何と約15万7000箇所も祈りの場があるということになります。

さらに、キリスト教の教会が7800堂ありますから、それも合わせると約16万5000箇所です。全国のコンビニの数が、約5万件ですから、かなり多い数だと言えます。

よく日本人は無宗教といわれますが、この数字からわかるように、拝むということ、祈りをとても大切にしている民族だと思います。

「生まれた土地」「生まれた日」「生んだ親」を選んできた

日本は「日の本」というように、太陽から来た太陽人がたくさんいるところです。だからこそ天照大御神が祀られている神社や、大日如来という太陽神を祀っているお寺が多いのです。

また、世界中の宗教の神々は、日本に集結し、日本から広がるしくみができています。

それを示すように、日本の島々は世界の大陸の縮小版、相似形になっています。

北海道は、北米にそっくりです。

本州は、ユーラシア大陸そっくりです。

では、四国はどこに似ていますか？

はい、その通り！　オーストラリアです。そして九州は、アフリカ大陸です。

私は福岡県北九州市八幡《やはた》で生まれていますが、アフリカ大陸と照らし合わせると、その地はちょうどエジプトのあたりになります。

私にはエジプト時代の過去生が4回あって、その時代の解放と続きをするために、エジプトと対応する日本のその地に生まれてきたのです。

魂の宿題をしながら、自分の今回の役割を果たすために自分を育ててきました。


さて、あなたはどうでしょうか？

あなたの〝産地〟はどこですか？　世界地図と日本地図を見ながら、当てはめてみてください。

世界のどこと縁があって、日本のどこに生まれてきたのでしょう？

私たちは、「誕生日」、「誕生地」、「両親」は、自分の意思で選んできます。それが「人生のしくみ」です。

勝手に親が産んでいるのではありません。自分で親を選んできたのです。ですから、何があっても親のせいにはできないのです。

これを知っただけで人生観ががらりと変わります。

虐待する親や、親との葛藤を抱えている人には、とても抵抗がある話だと思います。私自身、母との葛藤がとてもあったので、厳しい母を自分で選んだとは、どうしても思えませんでした。

ところが、医師になれたのも母のおかげだと心底思えるようになって、それから母への感謝が心からあふれてきて、母を選んだことを受け止めることができました。

すべてが自己責任だと腹をくくったら、どっしりと腹が据わり、自分の人生をしっかりと見られるようになります。

びっくりするようなパワーが自分の中から出てきて、あっという間に神経症やうつから卒業できます。

親のせい、人のせい、社会のせいにしてきた人生から卒業しましょう。

すべて自分の魂さんが体験したくて選んできたと思うことで、大好きな自分になれます。

自分と関わるすべての人が愛おしくなります。いろんなことを体験するために、必要な脇役を演じてくれている人々だからです。

それを知ると、「私の人生の舞台に登場してくれてありがとう！　みんな幸せになってくださいね！」と自然に祈ることができるようになります。

私たちが日本に生まれてきた大切な意味

今回、私たちが日本に生まれてきた意味はとても深いのです。

地球の大変革を無事にクリアして、地球に来る前の懐かしい故郷の星に帰っていく魂さんが、日本人の中にとても多いのです。

まるで日本を特別扱いしているようですが、その通り、本当に特別なのです。

私たちは今回の人生で大事な祈りの時代に活躍するために、生まれ変わって日本に集結したのです。

〝もと金星人〟も多く混ざっています。

〝もと土星人〟も多く混ざっています。

〝もと太陽人〟が多く混ざっています。

もと金星人はファッショナブルで独創的です。美しいものが大好き。ディズニーランドのようにカラフルで楽しいことに興味を持ちます。とてもクリエイティブで遊びを大切にします。睡眠の習慣がないので、地球に来ても睡眠時間が少なくてすみます。

もと土星人は花が大好きです。花園や花壇作り、花を見に行くことに熱心です。また音に敏感で音楽を奏でたり、作って楽しみます。祈りを大切にし、まわりの人々との調和を大切にします。

もと太陽人は、とても明るくて笑顔が太陽のように素敵です。そばにいるだけで、まわりの人は幸せな気持ちになります。そして発想がとてもユニークです。

太陽の塔を創った岡本太郎さんも、もと太陽人です。今回の大きな使命、太陽の塔を創り、縄文文化を掘り起こし、「芸術は爆発だ！」と叫んで人々の意識を変えるという大業を無事に終えて、太陽に戻っています。

日の丸を国旗とする日本だけが、今まで２０００年間、どこからも侵略されず、植民地にもならず、神の国として続けてこられたのです。

1万2000年も続いた平和な縄文時代と、エコ社会を実現した江戸時代を400年も続け、さらに第2次世界大戦後、アメリカに多大なお金を払いながらも軍事費をあまりかけずに、近代産業のもとで68年間も平和であり続けてきました。

これからいよいよ戦争を回避しながら、本当の世界平和を日本から発信して創りあげていきます。

いろんな星から集まってきた「ちゃんぷる宇宙人」でいっぱいの地球が、日本を中心に心一つになって、まさに日の丸のように、丸い太陽のようなユートピアを創造するのです。

だんだん、私たち日本人の使命がはっきりと見えてきたのではないでしょうか。

今こそ祈りのパワーを使って、全身全霊を込めて祈るときを迎えています。

今一度、祈りに目覚めて、日本に生まれてきた意味を再確認しましょう。そして、日本から平和の祈りを発信しましょう！

自らが「歩くパワースポット」になる

最近はパワースポットが注目されていて、パワースポットへ行って祈ることがはやっていますが、自分でピンときたところ、行きたいと思ったところが今のあなたにぴったりのパワースポットです。

そうしていろいろなパワースポットを巡っているうちに、自分自身が「歩くパワースポット」になっていきます。

私が最近、夢中になっている沖縄のパワースポットは、最北端にある「大石林山《だいせきりんざん》」で、2億年前のカルサイトの山です。

カルサイトは、デトックス効果と生命エネルギーの活性化の両方の働きを持っている素晴らしいクリスタルです。

大石林山は、アシムイの山とも呼ばれていて、沖縄本島にはじめて神様がたどり着いたときに、辺戸岬《へどみさき》からこの山に登られて、聖地として開いたとされています。ですから、たくさんの祈りの場があります。

大石林山には、3つの探索コースがあります。

メインは「美《ちゅ》ら海展望台コース」です。

悟空岩と呼ばれる大きな岩や、カルサイトの結晶に触れることができる「石林の壁」と呼ばれる拝所（聖地）もあります。

女性に人気の「骨盤岩」や、3回まわって大きな悩みを解放する「生まれ変わりの石」、そして美ら海展望台からは、辺戸岬の先の与論島も見ることができます。

「亜熱帯自然林コース」は、ガジュマルロードもあり、いろんなガジュマルと会うことができます。

とくに「御願《うがん》ガジュマル」（御願とは、願いや祈りを表す沖縄の方言）という日本最大のガジュマルは、まるで山の神様のように堂々として、優しい波動で包んでくれます。

「御願ガジュマル」は、宮崎駿さんのアニメ映画『もののけ姫』の中に出てくるダイダラボッチのようで、限りなく優しく、ずっとその波動に包まれていたい気持ちになります。

沖縄では、ガジュマルの妖精のことを、「キジムナー」といいます。

私はとてもガジュマルが好きなので、きっとキジムナーだったことがあると思います。

ですから、ガジュマルからリクエストがあると、ガジュマルに登ります。

この間、中城城《なかぐすくじょう》入口にある10年来の〝親友〟のガジュマルから、どうしても登ってほしいと強い要望があって、ワンピース姿にもかかわらず、久しぶりに思い切って登ったことがありました。

それから2週間後、そのガジュマルが切られたということを、ファンの方から知らされて大ショックでした。

ガジュマルは自分が切られる運命を知っていて、私を登らせたのだと思います。

木といつも対話していると、祈りと同じように、いろんな不思議体験をすることが増えてきます。

みなさんもマイツリー、親友の木を見つけて対話してみてはどうでしょう。あなたがそう思うだけで、木は喜んで交流してくれます。

実は木には、お互いのネットワークがあり、情報交換をしています。そして木も、私たちと同じように祈っています。

大きな古い木は、古くからの歴史を覚えています。ずっと同じ場所にいて、動かずに存在し続けたことで、愛の祈りをしています。

鳥や虫や動物にいのちをささげている木の存在そのものが、愛の祈りなのです。

とくにガジュマルの木は、木の中でもずいぶんといろんな体験を積んできた長老のような存在です。ですからヒゲを持っていて大地とつながり、根をはっているのです。

精霊たちの仲間になろう

「巨岩・石林感動コース」には、新しいガジュマルロードが作られ、ガジュマルのヒゲを結んでできたブランコがあります。

そこで遊ぶとたくさんの妖精たちが自然に集まってきます。

そのときに撮った写真には、マゼンタ色（ピンク紫）の不思議な光が二重の弧を描いて写っていました。

実は大石林山のあちこちに、不思議な光の写真や精霊たちが写った写真が展示されています。

ピンと来たあなたも、大石林山を訪れて直感でここだと思ったところで写真を撮ってみましょう。もしかすると、きれいなマゼンダ色の光が写るかもしれません。

私は2013年の元旦には、アシムイの山からの初日の出を拝むことができました。写真を撮ったら、マゼンタ色と青色の光が写っていました。

さらに、まぶしい初日の出の光に照らされて、たくさんの妖精たちが写っている不思議な写真も撮れました。

このような光の写真がさりげなく自然に撮れるようになったら、妖精たちに仲間として受け入れられたことになります。

見えないけれど、しっかりと存在している不思議な世界にようこそ！


大石林山の管理をしている喜瀬信次所長は、お母さまがとてもスピリチュアルな祈り人で、その影響を受けて大石林山をしっかりと守ってくださっています。

1日に2回、スピリチュアルツアーがあって、予約しておけば、一般的なルート以外の、スペシャルな祈りの場に案内してもらえます。

ピンと来たときが、ベストタイミングです。

ぜひ沖縄へは3泊4日くらいの余裕を持って、大石林山へ足を運んでください。そこで祈ると、きっと不思議なことが起こります。

私も本当に大石林山が大好きで、とうとう「大好き林山」というニックネームまでつけて、大石林山のスタッフのみなさんからも喜んでいただいています。

パワースポットは最強の祈りの場

最近起きた不思議なエピソードを紹介します。

大石林山が大好きな女性がいました。

あるとき、70代の父親ががんの手術を受けることになり、手術の無事を祈るために、一緒に大石林山を訪れたそうです。

ちょっと目を離したすきに父親が見当たらなくなりました。その女性があちこち探していると、びっくりするくらい遠い祈りの場に、父親が座っているのを観光客の方が知らせてくれました。

どう考えても短時間でそんなに遠くまで行けるはずはありません。

もしかしたら、一瞬で聖地にワープしたのかもしれません。

そんなことがあってしばらくして、喜瀬所長のところへその女性がお礼の挨拶にみえました。何と手術前のレントゲンの検査で、がんがすっかり消えていたそうです。

それは、主治医が必死で「本当に、がんはあったんです」と汗をかきながら説明するほど、奇跡的な出来事でした。もちろん手術は受けなくてすんだそうです。

パワースポットで祈ることは、まさに最強の祈り、奇跡も引き寄せます。

大石林山には長年の雨の浸食でできた不思議な岩がたくさんあるので、きっと自分の好きな岩を見つけることができると思います。お気に入りの岩で、しっかり祈り込んでみてはいかがでしょう。

見えない存在を信じる力

私は講演会で地方に行くと、近くにあるパワフルな神社をお参りするようにしています。

徳島へ講演会に行ったときも、講演会の主催者さんに大麻《おおあさ》比古《ひこ》神社に案内してもらいました。

その神社の紋は大麻の葉で、大麻を祀っている神社でした。

そこで、「これから大麻が地球のユートピアを応援します」というメッセージが来て、私はびっくりしました。

それまで私はあまり大麻に興味がなかったのですが、このひと言でピンと来て、すぐにAmazonで、大麻のわかりやすい解説書を探してみました。

中山康直さんの『麻ことのはなし』(評言社)を見つけて読んでみると、それは嬉しい驚きがたくさんありました。

麻ヘンプは繊維、木材、燃料、鉄、食料、プラスチックとあらゆるものに使われるので、その昔、海外では石油会社が法律で規制したのです。

日本では2000年前から神聖な植物とされていた大麻が、戦後GHQによって大麻取締法が制定され、栽培が禁止になってしまいました。

そろそろ、大麻への気づきが必要だと大麻比古神社でお知らせがあるとは、本当にびっくりです。

イギリスやドイツでは、すでに大麻を大量に栽培して、紙用のパルプとして活用しています。そのおかげで森の木を切らずにすむようになったそうです。

今まで私も含めて多くの人は、「大麻は麻薬で人間には害のあるもの」だと信じ込まされてきました。ところが実際は体にとてもいいもので、薬にもなり、聖なる食べ物にもなり、また衣服にも石油の代わりにもなる、とてもエコな植物なのです。アメリカで解禁になれば、きっと日本もあとに続くと思います。

私は大麻比古神社の境内の森の中で、アマテラスのマントラを唱えて愛の祈りをしました。すると、大きな光の柱がどんと立って、そこへ巨大な緑色の龍が、林の中をうねるようにゆっくりと動いているイメージが現れました。

実はこの光景は、前年に韓国でも見たことがありました。

王様のお墓参りをしたときに、林の中を巨大な緑色の龍がうねりながら、ゆっくりと通っていったイメージを見たのです。

無農薬りんごを8年越しで作ったという木村秋則さんも、『すべては宇宙の采配』（東邦出版）という著書で、高校生のときに時間が止まって、大きな龍がゆっくりとうねって通るのを見たという体験談を書いています。

私は龍を見たという人がいたことに、共感と嬉しさがこみ上げてきました。仲間を見つけたかのような不思議な安心感に包まれました。

龍は3次元以上の時空を超えた世界に存在しています。3次元には存在しない動物であるにもかかわらず、干支の仲間に入っています。

龍の存在を信じている人、関心が深い人には感じることができますし、見ることもできるのです。

私も辰年生まれですが、小さいころから龍は友達で、イメージの中では、龍の頭に乗ってヒゲをつかんで、自由に空や宇宙を飛んでいました。あたりまえに日常に龍が一緒にいたのです。

映画『ネバー・エンディング・ストーリー』（『はてしない物語』ミヒャエル・エンデ原作）の中で、ファルコンの頭上に乗って空を飛ぶシーンを見たとき、私が龍に乗るイメージとそっくりだったのでワクワクしました。

映画やアニメの世界で龍が描かれていると、それだけで心が躍動します。龍が大好きだからです。

私だけではなく、龍や神様や天使が存在しているに違いないと信じている人は、自然に手を合わせて祈ります。

見えない世界と日常が溶け込んでいるので、祈りも身近なものなのです。

波動を上げる祈りと舞

祈りと舞はとても密接な関係にあります。

ギリシャでは満月の夜に集い、神殿で巫女さんたちの美しい舞が披露されました。月の光に照らされた巫女さんたちの舞は、とても美しかったと思います。

神道でも巫女さんが祈りながら神聖なる舞をします。清涼な鈴の音で、ゆっくりとした流れの舞いは、見ているだけで気持ちが落ち着いてきて、浄化されていきます。

以前、伊勢神宮の正式参拝のときに、御神楽に合わせて2人の巫女さんが舞ってくれました。そのとき、彼女たちの上空で、それは美しい天女が4人、羽衣をたなびかせて舞っているのを見たことがあります。それはとても立体的で、多次元的な不思議な光景でした。淡いピンクの羽衣をまとって天空を舞う天女からは、とてもやわらかい波動が感じられ、かぐわしい上品な香りまで漂ってきました。

上空で舞う天女を見たときに、巫女さんの舞は天女とつながっていて、舞による祈りを

しているのだとしみじみ思いました。

私の今回の人生で最初に天女の舞を見たのは、36年も前の徳島でした。鳴門の渦を見たあと、おいしいお寿司屋さんに連れて行ってもらったときのことでした。松が2本、形よく石庭に並んでいて、そこで天女が羽衣をまとって舞を見せてくれたのです。

それはありがたい歓迎の「羽衣の舞」でした。

私は大好きなお寿司どころではなく、あまりにも美しく神々しくて、うっとりとしばし眺めていました。

「ようこそ国づくり発祥の地へ」という響きをその舞から感じ取ると同時に、「あなたは次の文明の渦を創りに来たのですよ」と美しい鈴の音のような声がどこからか聞こえてきました。

そのときは、まだ「次の文明の渦」という意味が深く理解できず、それは鳴門の渦という印象しかなかったのです。それでも吸い込まれそうなパワフルな渦に感動し、渦に銀河を感じたのです。

「次の文明の渦」の意味は、千賀一生著『ガイアの法則』（徳間書店）に書かれていました。

東経135度の明石、淡路を中心に新しい文明が開かれるというのです。

そして今、ムー大陸のエネルギーが濃く残っている宮古島で、新しい「わの舞」の「天の舞」を、千賀先生に習うことができました。

そもそも「わの舞」とは、踊ることで人や自然が調和していた太古の素朴なあり方を大切にするという考えで、それは本当に天女が舞うような、優しくおごそかな舞です。

それでいて「力を抜いて、重力を感じながら」という千賀先生の言葉が心に残っています。

「わの舞」には、愛の祈りそのものの舞、「あゆみの舞」というのがあります。

これはシンプルでくり返しが多く、わかりやすい舞なので、少し解説をすればすぐに誰でも踊ることができます。

あるとき、東京の講演会で急遽《きゅうきょ》、参加者全員で踊ることにしました。350人で踊る「あゆみの舞」です。

会場の波動が一気に上がりました。素晴らしい圧巻の場面でした。

きっと全員の魂さんが大喜びしていたと思います。

祈りと舞は一つで、「わの舞」はまさに祈りそのものです。

新しい「わの舞」が、私の終の棲家と同じ名前、「天の舞」と命名されたのも不思議な縁です。

「わの舞」を知る3年前にできた不思議な宇宙船のような木造の家ですが、新しく文明が開くときに舞われる「天の舞」と同じ名前というのは、まさに天の計らいです。


岐阜の恵那《えな》の山奥に住んでいる不思議な設計士の小西さんが、冬至の日に我が家の建設予定の沖縄の土地に立って祈ったときに、宇宙から舞い降りてきたピンク色の3枚の花びらを受け取ったそうです。

それを模型にして持ってきてくださったものの中から、主人と選んだのが今の家です。

そのときに、「天の舞」という名前も一緒に宇宙から舞い降りたのです。

もしかしたら、徳島で見た天女の「羽衣の舞」は、天の舞プロジェクトのお知らせだったのかもしれません。それこそが「天の舞」そのものだったのかもしれません。

これは個人の意識を超えたプロジェクトだとしみじみ感じました。

いよいよ東経135度の神の戸が開いて、新しい文明が日本を中心にはじまります。大きな節目に合わせて私たちは今回の人生の舞台を日本に選んできました。きっと私たちの魂さんは、それこそ祈るような思いで、誕生地と人生のシナリオを選んできています。

祈りは私たちの誕生からはじまっていたのです。

最近、もうひとつ、祈りそのものの舞に出会いました。山口で活動しているMANAさんという女性2人のコンビのフラダンスです。

フラダンスのゆったりとしてやわらかい指先の仕草は、言葉を表現しています。沖縄でフラの講習会に参加してみると、それはまさに愛の祈りそのもの、しかも愛と笑いの癒しでいっぱいだったので、とても共鳴しました。

古代フラだけでなく、「アメイジング・グレイス」という黒人霊歌の曲や琉球の歌「鼓動」、さらにはマイケル・ジャクソンの「ヒール・ザ・ワールド」、ユーミンの「やさしさに包まれたなら」などの歌にも素敵な振りつけをして、愛あふれるフラダンスを広めています。見ている人や一緒に踊る人々が、だんだんとハートを開いて軽やかに変わっていきます。

MANAさんたちは、とても陽気で愛にあふれて楽しい人々で、あっという間に大好きになりました。

平和を祈りながら、愛を踊るのがフラダンスなのだそうです。

日常の中で、愛の祈りを踊りや舞で表現してみませんか。

そう思いはじめたら、きっと素敵な舞を引き寄せると思いますよ。

言霊の力――最強の3つの言葉

言葉は、言霊《ことだま》というように、パワーがあります。

たくさんの言葉の中でも、最強の言霊は、「ありがとう!」「すべてはうまくいっている」「大丈夫!」です。

「ありがとう!」はとてもシンプルな言葉ですが、最強の中の最強の言霊です。

感謝の言霊は一瞬にして波動を高めます。まるで魔法のスイッチのように、みごとに変わります。

それは闇が光に変わるくらいのパワーを持っています。ですから「ありがとうを唱えましょう！」という運動があちこちで起きてくるのです。

「ありがとう」という言葉は、唱える回数が多いほど、波動が上がります。ですから念仏のように「ありがとう」をたくさん唱えてもいいでしょうし、また心を込めた深い感謝の「ありがとうございます」を1回言うのでもいいでしょう。

量でも質でも、波動がぐんと上がるのです。

今日から意識して「ありがとう」という素晴らしい言霊で「感謝のチャンネル」に意識を合わせましょう。

悩みや不安から、一瞬意識がはずれて、「すべてに感謝する」という素敵なチャンネルに簡単に切りかえることができるのです。

気の医学会で知り合ったとても優しくスピリチュアルな外科医の長堀優先生の著書に、『見えない世界の科学が医療を変える』（でくのぼう出版）という素晴らしい本があります。

その中にとても印象的ながんの患者さんの話があります。

大腸がんになり人工肛門を造設し、抗がん剤治療をしている年配の女性がいました。

長堀先生が回診されると、その女性はベッドの上に正座して、ニコニコと「いつもお世話様です。ありがとうございます」と笑顔で挨拶をされるので、長堀先生は彼女の笑顔に癒されていたそうです。

その女性は「私は本当に夫のことが心配なんです。いつもがんの神様に『もう少しおとなしくしていてくださいね』とお祈りしているんですよ」とがんに対しても、愛を込めて祈っていらっしゃいました。

彼女は痛みもなく、最愛なるご主人と穏やかに3年半を過ごされて、光に帰られたそうです。

がんを敵と思わずに、愛の祈りをすることで、仲良く共存できるのですね。

自分の運命を受け入れて、生かされていることに感謝して、人に尽くしたいという思いが強いと、病気からの奇跡的な回復や延命が起きるのだそうです。

私の父も大腸がんで人工肛門を造設して、がんと仲良く共存して8年間も穏やかに過ごしました。

母も肺がんを患いましたが、「お父さんを見送ってからでないと死ねない」を口癖にして、本当にちゃんと見送ってから光に帰ることができました。

寿命は本人の思いが決めるのだとしみじみ感じました。

「ありがとう」の祈りは、抗がん剤の副作用も軽くしてくれます。

母は闘病中に、抗がん剤の副作用で髪の毛がたくさん抜けて、食欲もなくなりました。

私は天使のアドバイスで、抗がん剤にも「ありがとう」の感謝の祈りをしました。

抗がん剤の点滴のパックにハート型の赤いシールをたくさん貼りつけて、たくさん投げキッスをしたのです。

すると、抗がん剤にも愛が通じて母の髪の毛も抜けなくなり、食欲も戻ってパクパク食べられるようになったのです。

光の柱を引き寄せるマントラ

すべてに「ありがとう」の祈りが届きます。パワフルな言霊を唱える祈りは、「意識のチャンネル」を切りかえることができるのです。

あなたの魂さんが、深く悩んでいるときは「意識のチャンネル」を切りかえたくて、言霊を思い出すようなハプニングや直感を、表面意識に送ります。

ちょうど今から19年前、神戸で大震災があったとき、インスピレーションで、パワフルな言霊の祈りが降りてきました。

祈りの言葉は、パワフルな言霊でもあります。

まるで、天との合言葉のように、「この言霊で祈ると、こうなりますよ」というように、誰が祈っても同じような光の柱を引き寄せるので、ぜひ紹介したいと思います。

アマテラスのマントラ

あまてらす
あめつちの
光みつ
地におりて
かんながらの道
今ひらかれん
アーオーム、アーオーム、アーーオーーム

このあとに、自由に愛を込めてヴォイスヒーリングをします。好きなように即興で愛を込めたヴォイス（声）を宇宙に奏でるのです。

このマントラを唱えると、必ずその場に大きな光の柱が立ちます。

もしその場に迷っている霊がいたら、大きな光の柱を通じて光に戻って成仏できます。いろんな場所で19年間、この不思議でパワフルなマントラを唱えてきました。その度に、大きな光が天から降りてきて、その場が素晴らしい光の場となります。

3・11のときにも、5月の連休には南三陸へすぐにかけつけて、このマントラを唱えて祈りました。

より効果的にするために、インディアンの「メディスンホイール」という丸十字を瓦礫《がれき》と石で作って、その真ん中でインディアンのクリスタルワンドを持って、このマントラを唱えました。

すると巨大な光の柱が立ち、多くの魂さんが光に帰っていきました。

真言密教には、唱えると光が降りてくる光明真言があります。

祖父がよく唱えていたので、自然に子どものときに覚えました。

オンアボキャベイロシシャノウ
マカボダラ　マニハンドマジンバラ　ハラバリタヤウン
〈意味：オーム（聖音）、不空なる御方よ　大日如来よ　光明を放ち給え　フーン（聖音）〉

これを21回、くり返し唱えるといいと教わりました。

試しに唱えてみてください。光の柱ができるのを感じられると思います。

人によっては、意味がわかる言霊で唱えたほうが、しっくりくるかもしれません。

そういう方は、先に紹介したアマテラスのマントラは意味が理解できるので、光の柱を降ろしやすいと思います。

神社やパワースポットでこのマントラを唱えてみてください。祈りの場としてその場がパワーアップします。


パワースポットは、そこへ訪れる人と共鳴してでき上がるものです。

そこがパワースポットだと思う人が来て祈ることで、さらにパワースポットになっていきます。

そして祈った人もパワーアップして「歩くパワースポット」になっていくのです。

愛を込めて祈ることで、愛のエネルギーが循環します。「ありがとう」の思いで祈ることによって、さらに愛も深まってくるのです。

先ほど紹介した沖縄の最北端のパワースポット、大石林山の祈りの場でアマテラスのマントラを唱えると、岩や石や木や鳥やセミや妖精たちにとても喜ばれます。自然の中で祈りが共鳴して、さまざまないのちと響き合うことがあります。

ヴォイスヒーリングに反応して鳥やセミが大合唱したり、風が急に吹いてきたりするのです。天使や龍が集まってくることもあります。

気持ちよく感じるところで、好きな言霊を唱えて祈ってみましょう。

あなたの祈りに、きっと自然界が反応してくれます。

願かけをするときに大切なこと

願かけは、いわゆるお願いごとです。

受験生が合格しますようにと祈ること、就職活動している人が希望の仕事につけるようにと祈ること、婚活している人が素敵な伴侶に巡り会えるようにと祈ること、不妊治療している人が赤ちゃんが生まれますようにと祈ること、病気の人が早く元気に治りますようにと祈ること……。

ある目的のために個人的に祈ることを、願かけといいます。

それ自体は決して軽いものではありません。願かけする本人にとっては重大な問題に向き合って、見えない世界の応援も得たいという切なる心境です。

それらの願いは、生きていくうえで必ずみんなが通る具体的な問題です。

目標に向かっている自分を意識する瞬間です。ですから意識を集中してひとつの思い、ひとつの願いを祈り込むのです。

つまり願かけは、自分の夢実現のための神様へのお願いの祈りです。

願かけは、よく神社に行ってお願いしますが、そのときちょっと気になるのがお賽銭《さいせん》です。

多くの人は、お賽銭箱にその名前の通り、ついコインを投げ入れていますが、たくさんお願いするのですから、ちょっと少ないのではと思ってしまいます。

やはり神様には紙のお金がよろしいかと……。

また、ついいろいろ個人的なお願いをしたくなりますが、「ありがとうございます」とお礼を言っただけのほうが、神様には喜ばれると思います。

神様の立場になってみると、たくさんお願いごとをされるよりも、感謝の言葉を言われたほうが、気持ちがいいと思うのです。そのほうが、ずっと応援したくなります。

まるで夢が叶ったかのように神様にお礼を言ってみましょう。これは宇宙の法則の「引き寄せの法則」から考えても、理にかなっていると思います。

また願かけは、祈りへの大切なきっかけにもなります。必死で祈っているうちに、祈りの世界へつながっていきます。

最初は外の見えない存在にお願いしますが、最後は自分の中の創造性（内なる神、サムシング・グレート）の持つ光の存在に祈るようになります。

外ではなく内なる神に気づいたら、あらゆるすべてのものに感謝したくなります。

願かけを感謝の祈りへと変えていく

祈りは、自分のための幸せを祈るだけでなく、人のために祈るという側面が強く押し出されてきます。

まず、朝起きてから祈りははじまります。

「今日も安心して、健やかに暮らせますように」と太陽に向かって手を合わせて祈ります。日の出のパワーは、朝の祈りを倍増します。

そのとき自分のためだけではなく、家族や友人のために、そして世界の平和のために祈ると思います。

私たちは、日の出を見ると手を合わせて祈りたくなります。これはきっと、古代から引き継がれた太陽信仰の習慣かもしれません。

太陽系に住む私たちは、やはり太陽の恩恵をたくさんもらっています。

太陽に向かって感謝の祈りをすると、太陽とのつながりが深まりパワーアップします。より今日も頑張ろうという気持ちになります。

寝る前の祈りもあります。

一日が無事に終わって、ほっとして布団やベッドに入るとき、「今日も一日ありがとうございました！」と感謝の祈りをします。

そのときに、守護天使さんに翌朝の起こしてほしい時間を伝えておくと、しっかりその時間に目覚められます。

昔の人々は、太陽とともに起きて、一日の幸せを祈って生活をしました。そして太陽が沈むとともに、感謝の祈りで一日を終わりました。

自分のために祈ることから、家族のために祈る。そしてさらに広げて国のため、地球のため、太陽系のため、銀河のため、そして宇宙のために祈ることもできます。

意識がどんどん大きくなれば、自分から宇宙へと広がっていくことができるのです。

人生の節目には願かけをしてしっかりと祈り、それを通して幸せを感じると、人は自然に祈りたくなります。

それをくり返すことで、自然に幸せになっていくのです。

「天の舞」の講習会で出会った宮古島のおばぁ（おばあさんの愛称）の言葉が最高でした。

「私は毎日、大地に感謝しているよ。そして、私にいのちをくれた両親とご先祖様に感謝してね、それから自分自身に、自分の中にいる自分というか、自分を生かしている神様みたいなものに、感謝するの。いつも朝はそこからはじまるよ」


いかがでしょうか？　シンプルで深い境地ですね。心に深くしみ込んできて、心がぽっと温かくなりました。

「自分の中にいる自分を生かしている神様に感謝する」という内なる神にちゃんと気づいていることにびっくりです。人生のしくみ、宇宙のしくみを自然にわかって、毎朝「感謝の祈り」をしているのです。

これからは、願かけを「感謝の祈り」に変えてみましょう。それから少しだけお願いも加えるようにすると、いい流れになります。

届く祈りと、届かない祈り

では、どんな祈りが届き、どんな祈りが届かないのでしょうか？

それは、どれだけの人をハッピーにするかということにかかっています。

人を不幸にする祈りは、別の次元に届きます。4次元の世界です。

宇宙には届かず、魔界にワープしていきます。人の不安や恐怖のエネルギーを糧《かて》にしている存在に届いて、そちらの世界につながってしまいます。

一時的なものは、「魔がさした」と言います。我に返って、はっと気づいて反省すると、一時的な気の迷いですみます。

それがそこにどっぷり浸かってしまうと、同じ周波数の〝霊ちゃん〟がペタッと付いてしまいます。まさに「憑《つ》かれる」という現象です。

そして、マイナスの祈りはいずれ、自分に戻ってきます。

それが宇宙の法則だからです。たとえ一時的に祈りが叶ったかに見えても、しばらくするとブーメランのように自分へ戻ってくるのです。「人を呪わば穴二つ」ということわざもあるように、マイナスの引き寄せの法則です。

たとえば、職場に苦手な上司がいて、どこかに転勤してほしいと祈った場合には、叶えられるのでしょうか。

それが本当に相手の人生のシナリオにもそうなっていると、転勤することがあります。祈った本人はびっくりして、自分のせいでそうなったと思ってドキドキしますが、それがその上司の魂さんが書いたシナリオの場合は、その通りになるのです。

けれども、祈ったほうとしては、目的は果たせてよかったと思っても、後味が悪いものです。不必要な罪悪感が残ることもあります。ですから、またその相手とどこかで罪悪感を解消する体験を選ぶことになります。

そうならないためにも、不必要な罪悪感を持たないように、上司に転勤してもらいたければ、栄転を祈ることです。

「どうかもっと本人が喜ぶような、働きやすいところに移れますように」と祈れば、自分も気持ちいいのです。

私も似たような、思い出深い体験があります。自著にも書いたことがありますが、またここでも紹介しましょう。

自社ビルとしてテナント付きのビルを買った人が、そろそろ自分でお店をやりたいと思っていましたが、1階のテナントの人がなかなか出てくれません。いろんな霊能者に祈ってもらったのですが、効果がなくて困ったと、私に依頼がきたのです。

「私は医者なのに？」と思いましたが、これもご縁なのでと祈ったら、すぐにそのビルから出て行ってくれました。依頼した人は、あまりにも早く祈りの効果が出たので、びっくりされていました。

実は、私は追い払う祈りをしないで、「もっといい場所が見つかって発展しますように」と祈ったのです。

そして本当にいい場所が見つかって、テナントの方は喜んで引っ越しました。

相手の発展を祈るとみんなが幸せな流れになります。

自分にも幸せがやってきます。

もし、マイナスなことを祈ってしまったら、すぐに空中消しゴムで消して、相手の発展や幸せを祈りましょう。

祈りによって神格化されていく体

私は講演会で地方に行くと、その土地に感謝の挨拶をするために、近くの神社に、なるべくお参りするようにしています。

まず感謝の祈りをします。そしてアマテラスのマントラを唱えて、光の柱を降ろします。さらに愛を込めて投げキッスをして、愛と笑いのパワーを神様に贈ります。最後に魔法の言霊「すべてはうまくいっている！」のカニ踊りを、本殿の裏側で楽しく〝奉納〟しています。

一般的なお参りとは異なりますが、神様は笑いが大好きですから、投げキッスされたりするとびっくりして喜んでくれるのです。

神社もいろいろ、神様もいろいろです。

神社には稲荷《いなり》神社のように、きつねが神様になっているところもあります。動物で神格化されているのはきつねとヒンドゥー教の象の神様、ガネーシャだけです。

きつねは昔から日本人は神聖視し、711年から稲荷神が文献に登場します。昔、きつねだったことがある魂は、とても懐かしくて、お稲荷さんが気になってお参りしたくなります。過去生の自分と対面して、みんなの願いごとを叶えてあげる神様に昇格したことを、感無量で祈っているのかもしれません。

明治天皇を祀っている明治神宮や、伊達政宗を祀っている青葉神社など、人間を神格化してお祀りしている神社もあります。

そこへお参りしたくなる人は、やはり昔、その方とのご縁があったから縁を感じて引き寄せられるのだと思います。


実は、神社の中には祀られた人が最初から神様になっていないところもあります。祀られている人の魂が思いを残して、まだしっかりと光に帰っていない場合もあるのです。

そういう場合は、みんなでお参りし、祈り盛り立てていくことで、だんだん本当に神様になっていくことがあります。

つまり、人々がお参りしてくれることで、だんだんとエネルギーがアップして、神格化

されるのです。

たくさんの人が、願かけに訪れることで、そこで祈ることで光が入ります。そしてそのお礼にと、お願いごとが叶うように神様が応援してくれるのです。

人々の参拝によって、祀られた人がやっと神様になっていくのですから、まさに、お互い様です。

こんな解説はしたことがありませんので、自分でもとても新鮮な驚きで書きながら納得しています。

持ちつ持たれつのお互い様の関係で、仲良くみんなで幸せになっていくと思うと、神社で願かけをしたり、祈ることが気軽に思えてきませんか。

私たちも大きな意味では神様です。

体は宇宙から期間限定でお借りしている神殿、神社なのです。

宮古島のおばぁが、毎日自分の中の神様に感謝しているように、私たちみんなが不思議な力で生かされていることは事実です。ですから、内なる神に祈っても、外なる神に祈っても、同じようにお互いが光り輝いていきます。

みんなで好きなように、キラキラの輝く神様になりましょう。
縁を感じる祈りの場で、ますます輝いていきましょう。

ご先祖様を味方にする

沖縄に移住してから、先祖供養が身近になりました。沖縄のお墓は、大きくてりっぱです。丸い大きなお墓は、女性の子宮をイメージしています。

沖縄のお墓参りは、とても明るいイメージがあります。

ご馳走を作ってお供えして、ご先祖様に祈る「うーとーと」をしたあと、みんなでお供えものを下げていただきます。それを沖縄では「うさんでぃーする」と言います。お墓でピクニックのように食べるのです。

ときには三線《さんしん》を鳴らして歌ったり踊ったり、楽しいご先祖様との交流があります。

また毎年4月には清明《しーみー》といって、お墓の掃除とお参りを親戚が集まってするのも、沖縄の習慣です。

私も小さいころから父方の祖父に、しっかり先祖供養の大切さを教えてもらっていました。毎朝仏壇に手を合わせて、お水とお茶をささげ、花を飾り、読経をして、お線香を供えて、鐘をチーンと鳴らします。

お線香はアロマセラピーです。

アロマで感情の解放ができて、潜在意識が浄化され気持ちが落ち着いてきます。

鐘の音は、後に詳しく説明しますが、愛の周波数と最近注目されている528Hzの響きです。この周波数は細胞やDNAが修復されるそうです。

では、ご先祖様たちは、ちゃんと私たち子孫の祈りを聞いているのでしょうか？

それはもちろんYESです。

先祖供養をすることで、子孫が繁栄していきます。もしかすると、よく知らない神様に祈るよりも、自分の家の仏壇のご先祖様に祈るほうが縁も深いので、加護してくれるのではないかと思います。

沖縄にはユタさんと呼ばれる霊能者がたくさんいます。先祖供養のために先祖と子孫の仲立ちをしていますが、その人たちに「もっと先祖供養が必要だ」と言われて、あちこち巡って祈ることもあります。

そのために時間とお金をかなり使って、子孫が疲れてしまうこともあるそうですが、自分でもう十分と感じたら、それでいいと思います。


クリニックにも疲れた方がいらしたことがあります。

ご先祖様の十数代目が武士で、その方がまだ成仏していない、とユタさんに言われたそうです。

ヒーリングしてみたらびっくり！　それは本人の過去生でした。深刻に悩んでいたのに大笑いして解放しました。

ご先祖様が子孫にまた生まれ変わることがありますが、これを「先祖返り」といいます。

先祖返りによって過去生でやり残したことを今生でやることで、解放したいい影響を子孫に残すことができるのです。

ご先祖を意識したときに先祖供養の祈りをすると、祈りの必要なご先祖に、愛の祈りの波動が届いて、よい方向へ向かうようになります。

法事のときに、近い先祖の話を親戚の方に聞くことも、先祖供養になります。

私の父の従妹《いとこ》にあたる方が、素晴らしい記憶力を持っていて、親戚中の生年月日と命日、さらにことこまかなエピソードを覚えているのですが、母の七回忌の法事のお食事会では、思いがけない〝謎解き〟になって、話が大いに盛り上がりました。

亡くなられた方のことを話題にすると、その思いは本人の魂に伝わります。

覚えていることは、それ自体が素敵な供養になるのです。

また、もちろん仏壇に祈ると、ご先祖の方々にとても喜んでもらえるので、応援の光を私たち子孫も受けることができます。


私の最初の離婚のとき、夫のほうのご先祖様たちが勢ぞろいして見送ってくれました。

「何度も祈ってくれてありがとう！　おかげでこの家系のいろんな宿題が片づきました。あなたの幸せをみんなで祈っています！」

機会のあるごとに、ずっとご先祖様たちへの祈りをしてきたことで、最後のお別れのときに、思いがけず贈る言葉をご先祖様たちから頂きました。私のつたない祈りがちゃんと通じていたのだとわかって、深く感動しました。

「お世話になりました。これからもみなさまお元気で！　あの世に帰ったときにはぜひまたご挨拶にうかがいます」

涙の別れになりました。夫との別れには涙が出なかったのに、ご先祖様たちとはまさかの涙の別れでした。


ご先祖様は、こちらから親しく話しかけると答えてくれます。

今の主人のお母様の写真が、仏壇の中に飾られています。祈りながら話しかけると「小さくて笑顔の素敵な啓ちゃん、よく頑張っているね。大丈夫よ、笑顔で乗り越えられるよ～」と嬉しい応援の言葉をかけてくださいます。

とくに本土に出張に行くときや、帰ってきたときにしっかり挨拶すると、ねぎらってくださって、心がほっこりします。

ご先祖様への祈りは、先祖供養から先祖崇拝へ自然に移行して、いのちのつながりを大切にする流れを作っています。

沖縄には本土ほど、神社やお寺は多くありませんが、日常的に先祖崇拝の強い絆があります。その絆はお互いを元気にするパワーとなって、沖縄の人々は中国や薩摩やアメリカのパワーに抑圧された歴史があっても、明るく笑顔でいられる「蘇る力」が強いのだと思います。

ご先祖様を味方にして、笑顔で前に進みましょう！

さまざまな時代の宗教と祈り

私たちは、魂として宗教に傾倒した時代がたくさんあります。キリスト教、仏教、イスラム教、ユダヤ教、神道、修験道《しゅげんどう》など、世界のあらゆる宗教を体験しています。

それらの宗教によって学べたことはたくさんあります。心や精神の成長にとても貢献してきたと思います。

あらゆる宗教には、必ず祈りがあります。祈ることが宗教の基本だからです。

祈りは神との対話です。

祈りは神とつながる術《すべ》です。

祈りは信仰の原点です。

神道では、ご神体は丸い鏡が多く、それは手を合わせたときに自分の奥の輝きに気づくように、奥の光を映し出すようにという配慮がされています。

そして宮司さんがあげる祝詞《のりと》はとても美しい響きです。高らかに響く声は、美しく気高く崇高です。祝詞はヴォイスヒーリングでもあるのです。

神道の祝詞は、天と地をしっかりとつなげてくれます。

私の家の「天の舞」ができる過程で、地鎮祭と竣工式のときに、沖縄の護国神社の伊藤宮司さんが、それは素晴らしい光の柱が立つほどの祝詞を声高く唱えてくださいました。魂が震え、大地が反応して、お祝いに来ていた龍たちも嬉しそうに飛び交っていました。

キリスト教では、「天にまします我らの父よ、願わくは御名《みな》があがめられますように、御国《みくに》がきますように、御心《みこころ》が天に通じるように、地にも通じますように」とやはり天と地をつなぐ素晴らしい祈りがあります。

私も小学校3年生のときに、クリスマスプレゼントで母から聖書をもらい、その日から寝る前に、旧約聖書と詩篇と新約聖書を1章ずつ読むようになりました。

赤と青の色鉛筆を持って、大切だと思ったところに線を引きながら熱心に読んでいたことがありました。

さらに、厚紙で聖母マリア様の像を作ってクレパスで色を塗り、レースの白いハンカチに包んで大好きなクッキーの缶に入れて、宝物にしていました。

そして夜寝る前の祈りのときには、それを取り出して手を合わせていました。

健気に一生懸命に神との対話を試みていたのです。

過去生で熱心に祈っていた「主への祈り」を、幼心にも引き寄せたのだと思います。

読み進むうちに、イエス・キリストの時代の光景が目に浮かぶようになりました。

それは自分もそこにいたかのような不思議な感覚で、夜寝ている間に聖書の中の世界を訪問していました。

とくに旧約聖書の世界は古代文明の歴史を紐解《ひもと》いている感じでした。最近では、聖書が未来のシナリオであり、預言書だと解説する本も出ていますが、当時の私も単なる神話の世界ではなく、現実にあった話が比喩的に書かれていると感じたのです。

また、イスラム教の祈りは、時間や方角が決まっているそうです。

1日に5回、メッカの方向に向かって祈ります。アラビア語で「アッラー」という神です。イスラム教の聖典である「コーラン」は、神の言葉をそのまま表現しているそうです。

トルコに行ったとき、早朝5時ごろに塔のスピーカーからコーランの歌声が聞こえてきました。それはとても魂に響いて、朝の目覚めを心地よく導いてくれます。それを懐かしく感じたのは、過去生でイスラム教にはまっていた時代もあったのかもしれません。

修行好きな魂さんは、いろんな時代にいろんな宗教から学んで、祈ってきたのです。

今、過去・現在・未来という時間軸が一直線ではなく、パラレルワールドであることが、だんだんとわかってきました。並行していろんな時代があるというのです。

パラレルワールドを表面意識が理解しはじめると、時空を超えることが可能になります。

そこで祈りが大活躍をします。

祈りは一瞬で意識を変えますから、意識変容に必要なのです。

これからは意識をどんどん変えて、自由自在に自分が住んでいる世界を楽しく変えていきましょう。

宗教と愛と、祈りの統合

あなたが今までの過去世で遍歴してきたさまざまな宗教を、魂が検索して統合しはじめます。


これは、表面意識の成長に伴って起きる現象です。

そうなると、祈りの内容や方法が変わって、もっと自然体に祈れるようになります。

統合の時代ならではの、画期的な流れです。

気になる宗教の祈りの言葉を、まずは唱えてみましょう。懐かしくすっと入ってくる祈りの言葉がありますか?

とくになければ、自然に思った通りの祈りを唱えてみましょう。

地球が平和でありますように。

銀河が平和でありますように。

祈りもどんどんバージョンアップしています。

私たちは、いろんな日々の体験の積み重ねで世界観が広がり、愛が深まり、祈りも成長しています。

ですから祈り方も自由自在になり、祈りの統合が起きているのだと思います。

万物への祈りが自然にできる日本に今回生まれてきた私たちは、これまでにいろんな時代、いろんなところで祈りを体験してきていますから、祈りの力はかなりついてきていると思います。

祈ることが意識としての最大のパワーだとわかれば、祈りを最大限に活用できます。

祈りに囲まれている私たちは、これからますます祈ることで、世界を変えるパワーになっていくのではないでしょうか。

だからこそ、祈りの力を上手に活用しましょう。

祈りの場がたくさんある日本で、ユートピアへの道をひたすら前進したいと思います。

それぞれの持ち場で、自分らしい祈りを楽しく続けていきましょう！

第三章

祈りの奇跡

私たちの中にある愛に気づく

愛と平和へのイメージが祈りになる

これまでにも紹介してきたように、祈りにはさまざまな祈り方、方法があります。

宮古島で出会ったおばぁのように、毎朝、感謝の祈りを日課にしている人もいます。また特定の宗教には、その祈り方があります。

イスラム教は、1日5回、聖地メッカを向いて祈りますし、仏教では朝のお勤めがあります。チベットでは五体投地《ごたいとうち》といってうつ伏せになったり立ち上がったりと、全身で祈りますし、またキリスト教では日曜日に教会でミサがあります。

その方法は千差万別ですが、多いのは、両手を合わせることです。

この合掌のポーズは、なかなか奥深い意味が込められています。

愛のエネルギーが出てくるハートの位置に、ちょうど合掌の手があります。

ハートからあふれ出るピンク色の光線＝愛のエネルギーが、手を合わせることで集中し、両手が上に向かうことで天とつながります。

天とは、星がたくさんある宇宙の中心を表しています。

手を合わせることで、はるかなる宇宙と、自分の中からあふれ出る愛のエネルギーがしっかりとつながります。

今ここで、さっそく合掌のポーズをしてみましょう。地球がすでに平和になっている近未来のイメージを描いて、天に祈ってみましょう。

地球上に戦争がなくなり、みんなが食べることに困らず、お互いの文化や宗教を敬い、自然も豊かで森も木も、そして花も咲いて、みんなで楽しく歌ったり踊ったりお祭りを楽しんだり、生きている喜びを味わっています。

貧しさに苦しむこともなく、お金そのものも必要なくなり、日用品は好きなだけ受け取ることができて、みんなそれぞれの才能が生かされ、好きなときに好きなことをする自由もあります。

ほかのいろんな星の人とも交流して、宇宙船で懐かしい星にもすぐに行くことができます。太陽系の星々や、ほかの銀河にも自由自在に旅ができます。

思いつく限りの素晴らしい世界をイメージして楽しみましょう。

まさに地上天国、ユートピアの実現です。

このように、平和なイメージを楽しんでいるだけでも、「平和への祈り」になります。**イメージすることは、思いのパワーを強くするからです。**

天から光が降りてきて、自分の中に入っていくのが感じられます。合掌した手が熱くなり、体全体にパワーが伝わっていきます。さらに地に降りて地球の中心に向かいます。

天と地をつなぐ地球への応援歌

地球の中心には、マントルと呼ばれるドロドロのマグマがあると、今まで思い込まされてきましたが、実は地球の中は空洞になっています。

空洞には地底人が住んでおり、北極と南極に巨大な穴があって出入りできるそうです。その世界はシャンバラと呼ばれ、山や海や川や野原があり、動物や人が仲良く住んでいます。地表と違ってとても平和な世界だそうです。ユートピアがすでに実現しているのです。

昔からインディアンやチベット人は、そのことを知っていました。

インディアンたちは、天国は地下にあると言い伝えで信じています。

ホピ族の長老に、直接会って聞いてみたことがありますが、「グランドキャニオンの下に降りるとトンネルがあって、そこから地球の中の天国に行くことができる」と話してくれました。

シャンバラの中心には、セントラルサンと呼ばれる、「地球の中の太陽」があります。

私たちが祈ったときに、ハートから出た愛のエネルギーが天とつながって、その後、地に降りて向かうところは、シャンバラのセントラルサンです。

古代から太陽信仰はありましたが、昇る太陽を拝んでいるだけでなく、地球の中の太陽、セントラルサンに対する信仰でもあったのです。

『地球内部を旅した男』（徳間書店　ウィリス・ジョージ・エマーソン著、田中雅人訳）では、実際にシャンバラに行った人々の体験記を紹介しています。

私はすぐに飛びついて読んでみると、4メートルの大きな人々が出てきて、まるでガリバー旅行記のようです。

近代になって、アメリカ、ロシア、ドイツなど各国の人々がシャンバラに行きたくて北極への冒険を試みています。その様子はユーチューブでも見ることができます。直径

2300キロもある大きな穴が北極の近くにありますが、まさにびっくりの映像です。

あるとき、テレビ番組で、宇宙船が火山の噴火口を出入りしている映像が紹介されていました。そのとき宇宙人の基地が、地球のマントルにあると解説されていました。これはマントルではなくて、空洞になっているのです。

それでもこのような情報が、人気テレビ番組に少しずつ紹介されるようになりました。だんだんと真実は世の中に明らかにされていくと思います。

地上がもっと平和になると、シャンバラ人が安心して地上に出てくることができるので、みんなで地上を平和にして、ぜひお会いしたいと思っています。そのためにも「平和への祈り」が必要になってきます。

天と地をつなぐ祈りは、地球の平和への応援歌です。

たくさんの星々がある宇宙と、地球の中にあるセントラルサンをつなぐと、まるでりんごのような形のループができて、それが地球の磁場の働きを助けています。

光のドームを創り出すエネルギー

祈りのエネルギーは目で見ることが難しいので、祈っていても「本当に届いているのかしら?」と不安に思うこともあるかもしれません。私は天使にお願いして、いかに私たちの祈りのエネルギーが地球や宇宙に影響しているかを、見せてもらったことがあります。

それはまるで光のビームのような映像でした。

みんなが祈ると光のビームが飛び交って、光のドームができていきます。

光の細やかな網で守られるような感じです。見ていて安心感が伝わってきました。そして、祈りはエネルギーとして、本当に働いているのだと思いました。

光のビームはエネルギーとして、光として、祈りが必要なところへ届くのです。

たとえば、アフガニスタンに戦争が起きて、みんなで祈るとアフガニスタンに美しい光のビームが集まってきます。

世界中の人々の「平和への祈り」によって、光のビームが束となって集まってくるのです。とても美しい立体的な芸術品のように感じました。

ある友人が、不思議な夢の話をしてくれました。

「夢の中で私は瓦礫《がれき》の中にいたの。そこの人たちと一緒に何かをしているのよ。あれは何の意味があったのかしら。起きたらとても疲れていたわ」

それはいつもの夢と違って、とても生々しかったそうです。

これはどういうことかというと、彼女は一生懸命に「平和への祈り」をしていたので、寝ている間にアフガニスタンに行って、人々の応援をしていたのです。もしかしたら、アフガニスタンのほうでも突然見知らぬ人が現れて、手伝ってくれたという体験が誰かにあったかもしれません。

寝ている間に、私たちはこのような幽体離脱ができます。強い祈りは奇跡のような行動をともなうということなのです。


あなたにも心当たりがありませんか？

時間的には十分に寝たはずなのに、起きたときにとても疲れていて、ずっと働いていたかのような気分のときはありませんでしたか？

私も常に縁のある人々のことを祈っていますから、寝ている間にもヒーリングに出かけることがあります。そんなときには、朝起きたときになぜか疲れています。それはとても充実した心地よい疲れなのです。

「啓子先生が夢の中でヒーリングしてくれました」「夢の中で腰に手をあててヴォイスヒーリングをしてくれたら、痛みが取れました」「失恋して泣き崩れていたのに、夢の中で先生が背中に手をあててくれて、元気になりました」「リストラされて途方にくれていたら、先生のピースサインの笑顔が目に浮かんで、カニ踊りを思い出したら、『まぁいいか、次を探そう』と思えるようになりました」などという報告をよく耳にします。

私は眠っていたつもりが、ちゃんと夢の中でヒーリングしているらしいのです。我ながら、昼も夜も頑張っているなぁ〜と、しみじみ思います。

祈りのエネルギーが強いとき、あるいは受け取る側の要求により、イメージで、夢の中で行動を起こしているのです。

私たちの思いが現実を創っているということです。

祈りは思いよりも強い波動です。ですから、思いよりもさらに強く、現実を創っているのです。

祈りの作法

神社やお寺で祈るときは、自然に合掌のポーズになります。これは、自分の愛の祈りが天とつながる最強のポーズです。ひたすら天とつながり、天と自分が一つに溶け合います。

神社では、祈りの作法としてまず御手洗《みたらい》で手を洗い、口をゆすぎます。そして本殿の前に行ったら、お賽銭箱にお金を入れて、鈴を鳴らします。そして二礼、二回お辞儀をしてから二拍手して、そしてまた一礼します。

丁寧に参拝したい場合は、二礼二拍手一礼のあと、天津祝詞《あまつのりと》を唱えてみましょう。

天津祝詞

高天原《たかまのはら》に神留《かむづま》ります　神漏岐《かむろぎ》神漏美《かむろみ》之命《のみこと》以《も》ちて
皇御祖神《すめみおやかむ》伊邪那岐之命《いざなぎのみこと》　筑紫日向《つくしひむか》の橘《たちばな》の小門《おど》之阿波岐原《のあわぎはら》に
身禊《みみそぎ》祓《はら》い給《たま》ふ時《とき》に生坐《あれませ》る祓戸《はらえど》の大神等《おおかみたち》　諸々禍事罪穢《もろもろまがことつみけがれ》を祓《はら》へ給《たま》へ

清《きよ》め給《たま》へと白《もう》す事《こと》の由《よし》を　天津神《あまつかみ》地津神《くにつかみ》　八百万《やおよろず》之神等《かみたち》共《とも》に天《あま》の斑駒《ふちこま》の耳振立《みみふりたて》て所聞食《きこしめ》せと畏《かしこ》み畏《かしこ》みを白《もう》す

いかがでしょうか？　祝詞を唱える機会はなかなかないので、音読してみるととても新鮮な感じがします。

祝詞は、私たちの内なる神の奥に自然にあるものだと思います。それを引き出せると思うかどうかの違いだけなのです。

私も前述したようにアマテラスのマントラが自然に降りてきてからは、祝詞のように参拝のときに唱えるようにしています。アマテラスのマントラの響きが宇宙に届いて心地よくなります。

あなたも天とつながる合掌のポーズで祈るときに、もし祝詞が自然に降りてきたら、高らかに宇宙に響かせてみましょう。

それは天に向かって放つあなたの魂の喜びの歌になります。

聖霊を呼び込む「聖なる45度」

もう一つ、ひざまずいて両手を握るポーズがあります。キリスト教でよく見られる祈りのポーズです。

見上げる角度が、ちょうど「わの舞」でよく言われる「聖なる45度」の角度になっています。出雲大社の大国主之尊の銅像も「聖なる45度」に両手を開いて天を仰ぎ見ています。

この「聖なる45度」は、聖霊を呼び込むときの祈りのポーズなのです。

「わの舞」で「聖なる45度」をくり返し舞っていると、自然にほどよい手の角度が、感覚的に身についてきます。空間を読み取る力が手の伸び方や重力の感じ方で養われてきます。

とても気持ちのいい祈りのポーズです。

イエス様やマリア様に向かって祈るときに、手を握って、思わずひざまずくことが自然にあります。

手の指が交互にしっかりと組み合わさることで、祈りのパワーが強くなり、より愛をめざす対象へ届けやすくなります。

仏教では合掌をし、数珠を持って祈ります。数珠の本来の意味は、念仏を読む回数を記憶するためのものです。

古来インドのヒンドゥー教のバラモン僧が儀式用に使っていました。密教の僧も使うようになり、日本でも貴族の仏教徒が使いはじめました。

正式には108個の珠が二重になって房や飾り玉がついています。108は、人間の煩悩の数だといわれています。

今では数珠は魔除けになっていて、最近はクリスタルのブレスレットとしていつも身につけることが多くなりました。

私もその日のファッションに合わせて、クリスタルのブレスを身につけています。ピンク色が好きなので、愛を引き出すローズクォーツのブレスをよくつけています。

お寺にある仏像を見ると、いろいろな印《いん》を組んでいます。

それぞれの印には、いろんな意味があります。

正式には印相《いんそう》といってヒンドゥー教や仏教の用語です。両手で示すジェスチャーによっていろんな意味を象徴的に表現しています。

座禅のときは、足を組んで、手は下に置いて左手の上に右手を重ね合わせ、両手の親指を軽く触れ合わせてほかの指は伸ばす法界定印《ほっかいじょういん》の形をとります。

そうすることで、円満のエネルギーがあふれてきます。呼吸に集中すると、内なる宇宙とつながることができます。さらには自律神経のバランスもよくなります。

それぞれの祈りのポーズは、それぞれに素晴らしくそのときのベストの形を選んで自然にできていきます。

あなたが祈りやすいポーズを、その時々でしてみましょう。

祈りのパワー――沈められた大陸

モーゼが海を二つに割って、人々を渡らせたという有名なエピソードがありますが、祈りによる奇跡は山のようにあります。それこそ山を動かすこともあります。

祈りによって大陸が沈んだこともありました。

沖縄はムー大陸という巨大な大陸がかつてあった場所です。ムー大陸の聖なる山々が海面上に残っているのが沖縄の島々です。ですから沖縄に来ると、それだけで心も体も浄化され、心身がゆるゆるにほどけてリラックスして、とても楽になって気力が充電されるのです。

ムー大陸はアトランティス人によって植民地になり、やがて沈んでしまいました。有名な神殿が最西端の与那国島《よなぐに》の海底遺跡として残っています。

どうしてもその神殿の跡に触りたくて、海が怖かったのにもかかわらず、必死の思いでスキューバダイビングのライセンスを取って、潜ってみたことがあります。

メインテラスと呼ばれるところへ行ってみたら、当時の光景が浮かんできてとても懐かしくなりました。

ムー大陸がアトランティスの植民地になる前は、植物中心のゆるやかな美しい文化が栄えて、花盛りの楽園でした。退行催眠による過去生療法で、ムーの文明を垣間見たことがありますが、それは美しく優美で波動の高い世界でした。これが天国かと思ったほどでした。

薄紫の高貴なエネルギーの場で、アーチをくぐるとそこは4階建ての神殿で、石でできた建物でした。人々の前で愛についてのスピーチをしている青年が、その当時の自分だと感じました。ムーは今から約1万2000年前ですから、私はずいぶん昔から愛についての講演をしていたのです。

自分の魂が昔からずっと愛を語り伝え、ずっと祈ってきたのだと思うと感無量です。

魂が思い出す場所

ムー大陸が沈んだときにも、神人《かみんちゅ》と呼ばれる霊的に敏感な女性たちが、全身全霊を込めて必死で祈りました。ちょうどその場所が、沖縄本島の南の方にある久高島《くだかじま》です。神々が降りた島としてパワースポットとしても有名です。

久高島が懐かしいと思う人々は、2つのグループに分かれます。ひとつはムー大陸の時代、そしてもうひとつは琉球王朝の時代です。または両方の時代にまたがっている縁の深い魂もあります。

久高島に縁を感じる人は、きっとたくさん祈り込んできた魂だと思います。「イザイホー」という祈りの儀式が久高島に残っていました。過去形なのは、琉球王国時代から600年も続いた儀式が、1978年を最後に途絶えているからです。その儀式の条件を満たすのが難しくなったからです。

午年《うま》生まれの神女（神職者）と呼ばれる霊的に敏感な30歳以上の既婚女性たちが、白い着物を着て、頭に緑の葉の冠をかぶって、円を描きながらくるくると祈ります。

この最後の儀式を岡本太郎さんがカメラに撮っています。

表参道にある太郎さんのアトリエで、パートナーだった岡本敏子さんから、太郎さんが久高島に夢中になっていたときの話を少しうかがったことがあります。とにかく沖縄が大好きで、「何もないここが聖地か！」とクボーウタキ（沖縄七嶽のひとつで最高の霊地といわれている）を見てたまげていたそうです。

ここだという縁を感じたら、ぜひ行ってみましょう。

聖地で手を合わせるだけで、意識は懐かしい時代を思い出し、感情が解放されるのです。

ムー大陸が沈むことでニライカナイ（海のかなたの理想郷）と呼ばれるユートピアの世界が、海の中に封印されました。

そして今やっと、その封印がほどけてムー大陸のエネルギーが浮上する時代を迎えています。その年がまた午年で、この本が出るのも午年というのも偶然ではないと思います。

そして午年の3月3日、早朝5時11分に沖縄では珍しい震度4の地震があり、ムーの蘇りのお知らせがありました。

いよいよはじまったという躍動感を、その揺れから感じ取ることができました。

馬はとてもスピリチュアルな動物です。まさに、「すべては馬くいっている！」です。

あなたの思いをどこに向けますか？

祈りの時代が来ました。その前兆が、３・11でした。

それ自体はとんでもない大災害でしたが、多くの人が祈りを真剣にするスイッチが入りました。「11」という数字の持つ意味は、数霊では「大変革の第一歩」です。

日本だけでなく、地球全体のスイッチが入ったのです。

日本の大地震を知った英語圏の男性が、ツイッターで「ＰＲＡＹ ＦＯＲ ＪＡＰＡＮ」を投稿しました。すると24時間の間に全世界から日本への祈りの言葉が数十万件も届いたそうです。

それをまとめた本が『ＰＲＡＹ ＦＯＲ ＪＡＰＡＮ――３・11 世界中が祈りはじめた

日』（講談社）です。そのいくつかをご紹介しましょう。

●日本のために祈っています。
一つだけである地球
そしてその中に住んでいる私たちは
皆家族です。
心が痛くてずっとなみだが出ます。
しかし希望はそばにあります。Seoul, Korea

●私はパナマのルベンといいます。
2010年に4カ月間日本に滞在しました。
文化や人、連帯感など忘れがたいものばかりです。
そしていま、灰の中から飛び出したフェニックスのように、
日本は絶対に復興できる、そう思います。
どうか神様が日本の全ての皆さんを

守ってくれているように祈っています。

●私の短い日本滞在で学んだこと、
それは規律と粘り強さ、そして根気です。
そしてもう一つ、皆さんに関して素晴らしいと思うのは
チームワーク、団結です。
どうか遠くから送るこの言葉が
少しでも皆さんにとって励ましや希望になってくれますように。
皆さんのことを心配している
見たことのない友人の存在を忘れないで、勇気を出して！

●さっきの知らない国際電話、
「誰か日本の人に繋がればいいな」と思って、
日本の局番で自分と同じ番号おしてかけて来たらしい。
心配と応援の電話だった！

英語よくわからなかったけど、
言ってることは理解出来た！
向こうで沢山の人が「pray for japan」って！

（すべて原文ママ）

私も震災の翌日から緊急号外をメルマガ会員に発信しました。少しでもみなさんの不安が和らぐような内容と、愛の祈りの具体的な方法を90回にわたり発信しました。「愛の祈りは、必ず必要なところへ配信される」という絶対的な信念があったからです。

その信念は長年の魂の経験からくる揺るぎないものです。

これからもし、何かあったときに、祈り方の参考になると思いますので、そのときの緊急号外をそのまま載せてみます。

啓子メンタルクリニックメルマガ【緊急号外】 ―2011.3.12―

メルマガ会員のみなさんへ
昨日、東北と関東と長野で大きな地震と津波がありましたが、
みなさんは大丈夫でしょうか？
沖縄にも津波警報がありましたが、大丈夫でした。
被災地に近い方、停電や寒さで大変だった方、必ず救助の愛の手が早い対応で
回復に向かいますから、安心して心を落ち着かせてくださいね。
たくさんの天使たちも、活動しています。
停電も瞑想の条件だと、思いを切り替えて、なるべく自分が望むイメージを
思い描いて、祈りの形にしてみてください。
こういう非常時のときには、マイナス思考になりやすいですが、ニュースを
見るときも祈りながら見ると恐怖を受け取りません。逆に愛の祈りが現地に
届きます。どうしても不安が強いときには、ニュースを見ないようにして

身体を温めるようにリラックスできるようにしてください。
沖縄では、今日から二日間、第四期のクリエイティブスクールが始まります。
全国から集まってきています。一日でもずれたら開催できませんでした。
これも奇跡だと思い感謝です。
スクールの瞑想のときに、愛の瞑想をします。
今日みんなで一緒に愛の祈りをしましょう！
必ず、日本は蘇ります。地球は大丈夫です!!

それでは、また！
笑いの天使・啓子より

啓子メンタルクリニックメルマガ【緊急号外・2】―2011.3.15―

メルマガ会員のみなさんへ
今回の地震と津波の被災者の方に心よりお見舞い申し上げます。

皆さんは、すごいチャレンジャーです。尊敬します!!

自分をたくさん認めてあげてください。

私たちも愛とパワーを送ります。

今回の緊急メッセージは、とても大切なので、メルマガの前に送ることにしました。

福島原発がとても寂しがっていますので、皆で一緒に愛と感謝をたくさん、花束のイメージとともに贈りましょう!

福島原発は六基あります。

インナーチャイルドの癒しの応用です。

プルトニウムにも意識があります。今まで無償の愛で私たちの快適な生活のためにエネルギーを電力に供給してくれました。

「今まで本当にありがとう！　深く感謝しています」と抱きしめるイメージで愛と感謝と花束を贈りたいと思います。

イメージなので、ハグをしても大丈夫です。被曝しません。むしろパワーをもらいます。熱を受け取るイメージでクールダウンの応援をしましょう！

必ず落ち着いてきますので、今日は原子力発電所の原子炉さんに愛の祈りをしましょう！

今日もみんなで一緒に愛の祈りをしましょう！

必ず、日本は蘇ります。地球は大丈夫です!!


それでは、また！

笑いの天使・啓子より

3・11を思い出すのはつらいことですが、まだ東北や福島は復興の途中です。忘れないで祈りを続けたいと思っています。

自分の今の思いをどこに向けるかで、それは祈りに通じます。**思いを、瞬間あるものに向けると、そこにエネルギーを送ることになります。それを強くしたものが祈りです。**

この世界は、もともと思いのエネルギーで創造された世界です。

東北や福島の復興を思うとそれは「復興への祈り」になり、エネルギーが注がれて、具体的な力になるのです。

その〝しくみ〟に気づくと、祈りのパワーはぐんと使いやすくなります。

愛と笑いを祈りに込めると、さらにパワフルになります。

祈ったことが、もうすでに成就したという思いで、ニコニコ笑顔で祈りましょう。たとえマイナスの念が飛んできても大丈夫です。笑いのパワーはウルトラプラスになるので、どんなマイナスも飛ばせるパワーを持っています。

大人になっても見えない世界が見える〝不思議ちゃん〟を継続している私は、霊ちゃんの様子がよく見えます。みんなで笑うと霊ちゃんたちはパッと光になって成仏します。笑いで成仏できるのです。

笑いを込めた明るい祈りで、ユートピアへ向けてエクスタシーチェンジをしましょう！

深刻にならずにリラックスして、笑顔で「大丈夫だ！」という信念を持って、明るい未来をイメージしながら、愛を込めて祈ると最強になります。

祈りのパワーアップ作戦は、次の５つです。

(1) 深刻にならずにリラックス！
(2) 笑顔
(3) 大丈夫と思う信念！
(4) 明るいイメージ
(5) 愛を込める

明るい笑顔がいっぱいの未来をイメージして祈りましょう。

必ず、平和な時代がやって来ます。そのプロセスは面白く楽しいので、しっかり味わっていきましょう。

シャンバラ人に会えたり、ほかの星の宇宙人にも気楽に会えたり、楽しい時代になります。海外旅行のように、宇宙旅行があたりまえの宇宙時代になってくるのです。

地球がやっと優良星になって安心していろんな星の人が来られるようになります。今は宇宙人も地球人に混じって生活しています。そのうち「実は……」と打ち明ける人が続出するのではないでしょうか。

安心してみんなが素性を明かせるように、しっかり平和への祈りに楽しく励みましょう。そのためには楽しくリラックス、〝ゆるゆる〟がコツです。

悲壮感が漂うと、せっかくの祈りが暗く、不安や恐怖の世界とつながってしまいます。明るい未来のチャンネルにつながるには、明るくルンルンとした気分で祈ることが大切なのです。

難しい問題を解決するには……

難しい問題を寝ている間に解決する祈りがあります。以前読んでいた「生長の家」の谷口雅春先生の『私はこうして祈る』（日本教文社）をまた取り寄せて読んでみたら、ちょうど「難問題を解決するには」という祈りがありました。とてもシンプルな祈りなので、活用してみてください。

「神よ、あなたの叡智《えいち》にこの問題の解決をゆだねます。今晩私の眠っている間にこの問題を解決して下さいませ」

いかがですか？　寝ているうちに解決してもらえるのが素敵です。

もし、宗教が苦手で、「神よ」と呼びかけるのがちょっと苦手と思う方は、「宇宙よ」に置きかえてみましょう。「宇宙さん」のほうがもっと明るくなります。

「宇宙さん、あなたの素晴らしい智恵にこの問題をおまかせします。今晩私が眠っている間にこの問題を解決してください！　よろしく！　ありがとうございます！」

これではどうでしょうか。より、身近に感じられるのではと思います。

自分の人生は自分が主人公なので、好きなように祈り方もアレンジしてみましょう。祈りやすいほうが、思いがこもるからです。

同じ本に、イエス・キリストの「主の祈り」のことも紹介されていました。

主の祈りは、新約聖書のマタイによる福音書（6：9〜13）とルカによる福音書（11：2〜4）に記されている祈りです。

イエスが十二弟子たちに教えた祈りのお手本です。最初の3つの祈りは神について、あとの3つは人間についての祈りです。

主の祈り

天におられるわたしたちの父よ、
御名が聖とされますように。
御国が来ますように。
御こころが天に行われるとおり地にも行われますように。
わたしたちの日ごとの糧を今日もお与えください。
わたしたちの罪をおゆるしください。わたしたちも人をゆるします。
わたしたちを誘惑におちいらせず、悪からお救いください。

国と力と栄光は、永遠にあなたのものです。アーメン

創造的な言葉で、幸せな未来を先取りする

谷口先生は主の祈りについて、次のような素晴らしい解説をしています。

「イエスは貧乏や悩みを言葉にあらわさずして、祝福と喜びとを言葉にあらわして祈るように教えているのである。（中略）特にあの『主の祈り』と称するところの祈りは創造的言葉をいかに利用すべきかのよき例証である。その中には泣いて哀願《あいがん》するような言葉は全然ないのである。それは『すでに天にあるものの、地に実現する』のは当然であるとの期待があるのである」。

創造的な言葉をいかに使うか、ということです。懇願ではなく、当然そうなるという前提の祈りが成就を招きます。

「主の祈り」をアレンジして、さらに明るくわかりやすくしてみましょう。

宇宙のみなさん！

素晴らしいユートピアが地球にも来ますように。

宇宙が平和であるように、地球も平和になりますように。

私たちの日々の糧を今日もありがとうございます。

私たちのうっかりのいろいろを、許してください。

私たちもお互いに許し合います。

いろんな誘惑に負けないように、勇気と信念を持てますように。

ユートピアの世界は、永遠の宇宙にあります。ありがとうございます。


主の祈りが地球の平和を祈る言葉になりました。

前述しましたが、世界平和の祈りは、私は若いころに12年間夢中になっていました。イギリスに留学したときも、世界平和の祈りのポールをスコットランド、ウェールズ、イングランドと一生懸命に27本も建てたことがありました。

ロンドン大学の平和公園の中にも建てたのですが、それは大好きなガンジーさんの銅像の近くでした。カンタベリー大聖堂にも建てました。懐かしい思い出です。

愛と笑いがいっぱいの五井昌久先生がイギリス留学中に亡くなられたという知らせを受

けて泣きました。

その五井先生を紹介してくださった鮫島純子さんは、あるテレビ番組に出演されたとき、こんなことを言っていました。

「骨折した瞬間でも『ありがとうございます』と言えるまでの境地になりました」

鮫島さんは、昭和39年に出会った1冊の本で、生きている意味がわかってすべてに感謝できるようになったそうです。

その1冊というのが、五井先生の本のことでした。私もいろんな本を読んで、さまざまな体験をすることで、今の自分がいます。人生一切無駄なしです。

親の祈り

「親の祈り」を紹介しましょう。フェイスブックで見つけたのですが、子育てに悩んでいる親の気持ちがひしひしと伝わってきます。子育て中の方には、きっと心に響く祈りだと思います。

自分も子どもだったときを思い出して、ちょっと深呼吸をしてから読んでみてください。

親の祈り

神様
もっとよい私にしてください。
子どもの言うことをよく聞いてやり、
心の疑問に親切に答え、
子どもをよく理解する私にしてください。
理由なく子どもの心を傷つけることのないように
お助けください。
子どもの失敗を笑ったり怒ったりせず、
子どもの小さい間違いには目を閉じて、
良いところを見させてください。
良いところを心からほめてやり、
伸ばしてやることができますように。

大人の判断や習慣で子どもをしばることのないよう、
子どもが自分で判断し自分で正しく行動していけるよう、
導く智恵をお与えください。
感情的にしかるのではなく、正しく注意してやれますように。
道理にかなった希望はできるかぎりかなえてやり、
彼らのためにならないことはやめさせることができますように。
どうぞ意地悪な気持ちを取り去ってください。
不平を言わないように助けてください。
こちらが間違った時にはきちんとあやまる勇気を与えてください。
いつも穏やかな広い心をお与えください。
子どもといっしょに成長させてください。
子どもが心から私を尊敬し慕うことができるよう、
子どもの愛と信頼にふさわしい者としてください。
子どもも私も神様に生かされ、愛されていることを知り、他の人々の祝福となることができますように。

(C. C. Mayer)

この祈りは、東京・荻窪にある東京衛生病院の産婦人科の待合室に掲げられている祈りだそうです。この祈りについてネットで調べてみると、武蔵野相愛幼稚園の相愛教会の牧師、真壁巌さんが素敵な解説をしていましたので、一部を紹介します。

「(前略) 本当に良き親になろうと努力し、祈り求めた人だと思います。(中略) 私の心に最も深く響いたのは、『こちらが間違った時にはきちんとあやまる勇気を与えてください』と『子どもといっしょに成長させてください』という部分です。私が親を尊敬できるようになったのは、親が自分の過ち(小ささ)を認めた時でした。だから私もそんな勇気をもって子どもと向き合えるよう、祈り求めたいと思います。子どもも私たち親も共に神様に愛されている神の子なのですから」

私も今回の人生で、奇跡的に子育てを14年間体験しました。

難病で子どもを産めなくて医師になったのですが、やはりどうしても子育てをしたくて、母親を病気で亡くした娘さん2人を継母として育てました。

それはまさに〝愛のチャレンジ〟でした。小学校3年生と6年生の女の子は多感で難しい年齢です。

私は小柄で142センチしかないので、叱るときは椅子を持ってきて、それに乗って叱ろうとしたら、すでに子どもたちはいなくなっていました。

スキンシップ不足だと思って毎日マッサージをしていたら、両方がそでを引っ張って、ブラウスのそでが破れたこともありました。

黒いカバンにマスコット人形をつけてあげたら、翌日学校に呼び出されて、自分が叱られている気分になり、とぼとぼと帰ってきたこともありました。まさに悪戦苦闘の毎日でした。

この「親の祈り」を読むと、その当時の必死な子育てを思い出します。

当時31才の私が突然親になるという体験は、毎日がびっくりの連続でした。祈りがなければやっていけませんでした。

私は天使と対話ができるので、わからないときは、ちゃっかり子どもたちの天使たちに聞いたり、お願いしたり、使えるものは何でも使って日々をこなしていました。

そのときの体験がいろんな意味で、今生きています。

あいにく親の離婚によって娘たちとも別れてしまいましたが、もし奇跡的にこの本を読んでくれたら、ぜひ沖縄の「天の舞」に遊びに来てほしいです。大歓迎です。また会えることを祈っています。

祈りは思いのネットワークに通じます。同じ思いを持っている人が一緒に祈るとさらにその祈りは倍増して光のネットワークになっていきます。

祈りと呪いの周波数

平安時代には、祈りと呪いが日常的にありました。その様子は映画『陰陽師《おんみょうじ》』を見るとよくわかります。

貴族間の権力争いで、お互いに陰陽師をやとって相手を倒すパワー合戦をしていました。相手が病気になって、その病気を陰陽師がまたパワーで治すというように、病気の原因が呪いで、それを祈りで回避するということが日常だったのです。

現在でも国会周辺で、陰陽師ではなく霊能者のパワー合戦が展開しているそうです。最近はもっと科学的に周波数でコントロールしようとしています。その周波数が

440Hzで、それはチューニングで決められました。

つまり、私たちは周波数によって権力者たちにコントロールされていたそうです。

それに気づいたのが、ジョン・レノンだったという話もあります。

そのコントロールを解く方法も見つかりました。

最近、音による治療、音叉《おんさ》療法が注目されています。やっと「音の癒し」がはじまったと思うととても嬉しいです。

音、響きで宇宙はできていますから、音の癒しは宇宙的に見ると基本的なことなのです。

本当の癒しは、意識を変えること、潜在意識にたまっている感情を解放すること、思いを変えること、傷ついた細胞やDNAを修復することだと思いますが、愛の周波数という528Hzの音叉を聞くと、細胞やDNAが修復されるそうです。

今まで世界をコントロールしてきた440Hzの呪縛が、528Hzの音によってほどけていきます。

私もさっそくネットで、528Hzの音叉を購入しました。木が好きなので、木の台がついた棒状の音叉を選びました。たたくとチーンといい音がします。

「あれ、どこかで聞いたような音？」と思ったら、仏壇の鐘の音に似ています。

お線香をたいて鐘を鳴らすという効果は、先祖供養になるだけではなく、自身の心身も浄化されるのです。

お線香はアロマセラピーとして、鐘の音は528Hzの周波数によって、細胞やDNAが修復されるというわけです。

仏壇にも素晴らしい癒しのしくみがあったのです。

歴史的なしばりによって傷ついたあなたの細胞やDNAは修復されて、自由の身になって羽ばたけるというわけです。

権力者によるコントロールからの解放

権力者たちも、見方を変えれば、私たちの進む方向を今まで舵取りしてくれた人々です。ロンドンからスタートして1611年続いた文明は終わりを告げます。権力者と奴隷のゲームが終わります。

言われる通りに動いていた私たちの意識が変わり、自分たちの好きなように生きたいという意欲があふれ出て、人生の主体性を取り戻しはじめます。いよいよ次の文明が起きは

じめてくるのです。

それが東経135度からスタートします。ムー大陸が蘇って、ユートピアの流れがはじまります。それに合わせて、440Hzにかわる愛の周波数、528Hzの響きが鳴り響くようになります。528Hzの音が入った音楽や歌が増えてくるでしょう。

自由の象徴のような愛の周波数528Hzを聞きましょう。奏でましょう。歌いましょう。そして踊りましょう。

次のステージがはじまるときには、それに必要なツールが注目を浴びて引き寄せられるのです。

ここで、「引き寄せの法則」の笑い話を紹介しましょう。

まだ古い歌舞伎座に歌舞伎を観に行ったときの、忘れがたい話です。

1万6000円も払って前から6列目、花道の近くの席をゲットできたので、前の晩に必死で祈りました。「どうかポマードのおじさんが近くに来ませんように！」と。

ところがみごとに目の前の席にポマードの匂いがウルトラきついおじさんが来たのです。

〝香害〟で頭がくらくらして、頭痛であまり歌舞伎は楽しめませんでした。

そのときは自分の祈りが届かなかったと思っていました。

それから、『ザ・シークレット』（角川書店　ロンダ・バーン著、山川紘矢ほか訳）という宇宙の「引き寄せの法則」を書いた本を読んで、「思ったことを現実に引き寄せる」という法則の通りだったと気づきました。宇宙は良し悪しを判断しないで、注目しているものを提供してくれているのです。

祈りは届かなかったように見えますが、実は自分でその対象物を引き寄せていたのです。


必要な情報は、必要なときに引き寄せています。

天使のすすめではじめたフェイスブックも、必要な情報を得られるチャンネルになっています。また自分から発したい情報も多くの人に届けることができます。

スマートフォンのインターネットからも、すぐに情報を得られます。

直接、体を運んでいかなくても、必要なものや情報は手に入る時代になりました。

ということは、ますます本来の人間の本質である意識だけの世界になっているということです。

つまり、意識の行動である祈りが、古い時代から抜け出すための、大切なツールになってたのです。明るく楽しい笑顔の祈りを生活に取り入れましょう。

祈りは、宇宙から何を引き寄せたいか、そのリクエストでもあります。

祈りを習慣にすることで、夢実現のために必要なチャンネルを宇宙から引き寄せられるのです。

そういう祈りは、万物に届くのです。

万物に影響する祈り

祈りは万物に届き、そして影響します。それをひしひしと体験したことがあります。それは台風です。

台風は猛烈な風と雨が渦を巻いているとても強大な存在です。台風には必ず名前がつけられているように、実は意識を持っています。話しかけることができて、こちらの思いが通じるのです。

2013年10月4~6日まで、私は沖縄の北部を中心とした癒しのツアーを引き受けました。岐阜のあるクリニックのがんの患者さんたちと医療チームが合わさって、沖縄の自然の中で、元気になる旅を企画しました。

そのとき、台風23号（フィートウ）が沖縄に大接近してきたのです。

これは、龍と台風23号さんにお願いするしかないと、全身全霊を込めて祈りました。龍からはすぐに「大丈夫です！」ととてもいい返事がありました。

台風23号さんには、「西に駆け抜けていく素晴らしいあなたを見たい」と祈ってみたら、本当に西に向かいはじめて、びっくりしました。

那覇空港から一気に最北端のパワースポット大石林山に向かうと、そこはまだ雨が降っておらず、予定通りにまわることができたのです。

バスに乗るころにぽつぽつと雨が降り出して、しばらくすると夕暮れの空にりっぱな虹がかかり、感動はひとしおでした。

大石林山の喜瀬信次所長さんから、「みなさんが帰られたあとに大雨になりました」とメールがありましたが、これもアシムイの神様に祈りが通じたのだと思います。

翌日の「もとぶ元気村」でのイルカと遊ぶコースはさすがに中止になりましたが、近くの「沖縄美《ちゅ》ら海水族館」が午前中だけ開けてくれたので、ラッキーとばかりにバスに乗って急いで向かいました。７トンもあるジンベイザメのゆったりと泳ぐ姿に癒されたりと、閉館ぎりぎりまで堪能して外に出ると、風は強いものの雨はやんでいました。

龍とふだんから仲良くしているととても便利です。

最近の台風はとても不自然で、人工台風ではないかという説もありますが、こればかりは確かめようがありません。たとえ人工的であったとしても、祈ることで、とくに龍にお願いすることで、何とかいい形に納めてくれるのです。

すべてのものにも意識がありますから、台風などが接近したとき、台風だけではなく住んでいる家や植物たちに「よろしくね」とお願いしておくと、かなり被害を防ぐことができます。

石垣島の〝心友〟の入口初美さん（通称、はっちゃん）から、植物に話しかける祈りの方法を教えてもらいました。

台風が来る前に畑をまわりながらすべての植物に「よろしくね」を言っておくと、しっかり耐え抜いてくれるそうです。私も声かけをやって台風の準備をするようになりました。

すると台風が次々に来ても、何とか乗り越えてくれて、また花を咲かせてくれました。

いのちがある植物はもちろん、無機物だと思っているものにも実は意識があります。

いつも愛用しているものすべてに祈りが通じるのです。

はっちゃんは、車にも話しかけます。ガス欠しそうなときも、「山越えするまでよろしくね」と車に話しかけると、山の向こうのガソリンスタンドまでちゃんと走ってくれるそうです。いつも頑張ってくれている車にも意識があるのです。

『水からの伝言』(波動教育社)の著者、江本勝さんと塩谷信男先生のお仲間が行った壮大な祈りの実験があります。

濁って波動が低くなった琵琶湖の水を、もとのようにきれいにして、波動を上げようと、300人以上の人々が集まりました。

みんなで手をつなぎ、琵琶湖を囲んで感謝の祈りをささげると、そのあとの琵琶湖の水の結晶写真はとてもきれいだったのです。よどんでいた琵琶湖の水が、澄んだ透明の水に美しく変わったという事例もあります。

植物が大好きな人は、自然に植物に話しかけるようになります。

まるで友達のように話しかけると、ちゃんとそれに答えてくれるような気持ちになります。植物にしてみても、話しかけられるととても嬉しいのです。

すべてのものに心の中で話しかけると、まず孤独感が消えます。

植物には必ず自然霊がいます。木にも木の聖霊がいます。花には妖精がいます。メルヘンの世界のように、万物すべてに意識があることを受け入れると、日常生活がもっと楽しく、愛に満たされていることがわかるのです。

岩をも動かした！

天使を意識して天使といつも対話する癖をつけると、どんなときにも一人ではないので、淋しくないし、いろんな発想が日常的に湧いてきます。

こんなこともありました。長野の川べりの温泉宿で、岩風呂の大きな岩と仲良くなりました。

その温泉は、とてもお世話になった温泉で、岩にも意識があると思い込んでいたので、そのころからよく対話をしていたのです。

朝4時半ごろ、朝風呂に一人で入っていたとき、思わずその岩に「大好き～」と抱きついていました。

そして愛を込めて即興で歌うヴォイスヒーリングすると、岩が「自由になりたい～」とうなったような気がしました。私は思わず「大丈夫よ！　必ず自由になれるように祈っておくわね」と即答してしまいました。

しばらくして、その川が大雨のために洪水になり、道路がうねるほどの被害が出ました。温泉旅館が壊れて被害を受けたというニュースをテレビで見たときに、びっくり！　見慣れた大きな岩がごろんと川にころがっているのがわかりました。

すぐに駆けつけてみると、やっぱりあの大きな岩が、狭い温泉風呂からころがって、本当に自由になっていました。

心の中で「よかったね、やっと自由になれたね。おめでとう！」と声をかけて、岩に手を振りました。（近くの知らないおじさんが手を振ってくれて、びっくりしました！）

私の祈りが少しは〝岩の自由化作戦〟のお手伝いになったのかもしれません。「岩をも動かす奇跡の祈り」だったのかしら？

その洪水では温泉旅館は営業できなくなって大変でしたが、誰一人亡くなることもなく、岩の気持ちになってみると、晴れて自由の身になって本当によかったです。

断水もくい止めた！

私の口癖は「大丈夫ですよ！　必ず○○しますよ。祈っておきましょうね！」というものです。

これは誰かに相談ごとを持ちかけられたときなどに、とっさに言ってしまうので、表面意識は「本当に大丈夫かしら？」と心配になりますが、口が勝手に言ってしまうときには、まるで相手の魂さんの通訳をしているようです。

何年か前に、沖縄の講演会のサイン会で、最後に控えめな男性が残って、控えめに質問されました。

「先生は天使とお話しされますよね？」

「はい、いつも話していますよ！」

「水道局のものですが、お願いがあるのです。ダムの水が枯渇して給水車を今用意しています。何とか天使にお願いして、雨をダムの上に降らしてもらえませんか？」

「はい、わかりました。頼んでみますね！」

……何とも普通にはありえない、でもとても微笑ましい会話でした。

でもこのときも、天使がこの会話をそばで聞いていて、「大丈夫よ！　雨が降ることになっているから」と即答だったのです。

そして本当にそのあと、かなりの土砂降りの雨がダムの上に降って、断水にならず、給水車も必要なくなりました。

祈ったからそのようになったのか、それとも最初から決まっていて、祈ることでスイッチが入っているのか、どちらなのでしょう？

その後、水道局から丁寧にお礼のおはがきをいただき、さらには次の講演会にもまた参加してくださいました。

私にはその方が天使のように見えました。きっと、昔天使だったので、天使の存在を信じることができたのだと思います。とても心に温かく残るエピソードでした。

第四章

愛の祈り

主体性のある人生を創造するために

「マイナスの思い込み」を解き、主体性を取り戻す

いよいよ最終章になりました。

祈りについてのより深い解説をしていきたいと思います。

それにはまず私たちの潜在意識にかかっていたバリアについてお話ししましょう。

そのバリアとはマイナスの思い込みです。

今まで1611年間続いた文明がやっと終わって、次の文明の扉が開きます。

つまり、イギリスのロンドンが中心となった「権力と奴隷のゲーム」がゲームセットとなり、ずっと信じ込んでいた「マイナスの思い込み」が次々と解かれてくるのです。

本当の自由の時代になりました。

では、本当の自由とは何でしょうか？　自由の意味が深くわかってくると、マイナスの思い込みからの脱皮も早くなると思います。

人々をコントロールするために必要なことは、「みんなと同じでなくてはならない」と

いう思い込みを刷り込むことです。だから学校での教育は、みんなが平均的であることを良しとし、みんなと違っている子どもは悩むようになるのです。

みんなと同じようになろうとするから、主体性がなくなっていくのです。

逆に、自分らしくありたいと思うと、主体性が必要になるのです。

「みんなと同じでなくていい、違っていてもいいんだ。むしろ自分らしさが表現されて個性が出ているほうが素晴らしい！」

そう思えるようになると、人生の主人公が自分になりつつあります。

自分で好きなように決めたり、選んだりすることが楽しくなって、自分の好みややりたいことがはっきりとしてきます。そして、夢実現に必要な情報や人が集まってきて、自分が使えるエネルギーも増えていきます。

だからこそ、自分の夢が叶うようにしっかりと祈ることができるようになります。

自分に主体性を取り戻せる祈りこそが、ますます夢実現を可能にする引き寄せの力になるのです。

私たちは、「自分は無力だ、才能がない、劣っている」と長い間思い込んできました。

そこから脱出するには、「自分は天才で、何でもできるパワーを持っている」とウルトラプラスに思い込むことです。

「私は天才です！」と元気よく両手を広げながら叫ぶワークを、ヒーリングセミナーや講演会、ワークショップでやっていますが、このフレーズはなかなか自分では言わない言葉です。とくに日本人は「謙譲が美徳」と教えられてきたので、自分が天才だなんて言いません。

ところが思い切って「私は天才です！」と言ってみると、笑いがあふれてきて、ほどよく自信も出てきます。無力感や劣等感が吹っ飛びます。

こうして奴隷意識のバリアが解けていくのです。

洗脳バリアを破る

今この本を読んでいるあなたも、大きな声で「私は天才です！」と両手を広げて言ってみてください。声に出して宇宙に宣言してみてください。

すると、今まで学校や職場やテレビ、新聞などで洗脳されていたバリアがみごとに破れて、自分の中から光があふれてきます。

洗脳されていたときは、すでにその状態に慣れてしまっているので、あまり気づかないのですが、解けるとそれまでいかに自分が窮屈な世界にいたのかがわかります。

大切なことは、不安や恐怖をくれぐれも持たないことです。

不安や恐怖でいっぱいになると、ますます洗脳されます。「権力大好きグループ」の思うつぼです。

笑い飛ばして、闇を飲み込むほどの発想が大切です。

だからこそ、愛の祈りをしてください。

愛と笑いがあれば、インナーチャイルドの癒しができるからです。

愛はすべてを溶かしていきます。

今まで洗脳してきた人たちのことも、許せるようになります。その人たちも、洗脳されてきたのです。いろんな事情があって、今の立場、仕事をしているのです。みんなそれぞれに、わけアリなのです。

昔、井上ひさしさんの「頭痛肩こり樋口一葉」というお芝居を見たことがあります。

女性の幽霊さんが「うらめしや〜」と恨んでいる人を捜すのですが、その人は「幽霊さん、よ〜く聞いてください。そうしたのは、こういうわけがあって、○○さんが○○したからなんです」とわけを話します。

また次の人に「うらめしや〜」と出てみるのですが、その人も「幽霊さん、よくぞ聞いてくれました。実はわけがあって……」と、次々にどうしてそうなったのかというわけを話し出すのです。

結局、幽霊さんはそうなった理由を聞いて回る羽目になりとっても疲れてしまい、すべてそうなるわけがあってのことなので、「もう、恨むのはやめます」と成仏する、という粋な話でした。

人生は舞台です。

いろんな役どころがあって、悪役もいればヒーローもいます。

それぞれ体験してみたくてやっているのですから、その役どころを責めても仕方がありません。そして次の時代には交代しているのですから、お互い様なのです。

私も若いころは、悲劇の主人公ぶってニヒルに構えていたときがありましたが、人生のしくみがわかってからは、人生の見方ががらりと変わりました。今ではわかりやすく人生のしくみを解説する役を楽しくこなしています。

親分のあとに続け！　闇から光へ

この本は、「権力大好きグループ」のみなさんにも、ぜひ読んでほしいと思っています。とくにこの章は大切です。

なぜなら、その方々も洗脳されて、そのグループに入っているからです。まるで権力を信仰する宗教のようなものです。

もし洗脳から目覚めて脱皮できると、その人は私たち「ユートピア大好きグループ」の素晴らしいメンバーになります。

そうやって「権力と奴隷のゲーム」は終わります。

私は江戸時代にやくざの大親分をやっていたことがありました。ですから、もしかしたらその時の関係者が今、「権力大好きグループ」に入っているかもしれません。

もし縁があればこの本を読んでいて、「あっ、懐かしい雰囲気だな。あのときの親分かな」

と感じてくれるかもしれません。

親分がこうして先に足を洗っているのです。「みんな、あとに続け」です。

権力闘争をくり返していると、むなしくなります。

闇から足を洗って、光の世界へどうぞ、めんそーれ！

どんな暗闇でも、光があたると不安や恐怖があっという間に消えてしまいます。

愛の祈りによって、闇も光に変わります。怖くなくなるのです。


そろそろ、変身の時間です。

軽やかに洗脳から脱皮して、キラキラの自分を楽しみましょう。洗脳怪獣の着ぐるみのジッパーをジャーと下ろして、素の自分を登場させましょう。

怖い怪獣だと思っていたら、着ぐるみを脱いだら若いイケメンかもしれません。

逆にかっこいいウルトラマンと思っていたら、かなり年季の入った長老だったりします。

たくさん生まれ変わりの体験を積んで、最後をヒーローで締めたら、あとは生まれ変わりをしない解脱の境地になるのです。

どんどん脱皮しましょう。

やがては、すべてに心から感謝できる心境になって、今回のスペシャルな人生を終わることができます。

本当にすべてはうまくいっています。

宇宙が愛に満ちているから、絶対にハッピーな方向に行くのです。

愛に満ちた宇宙への祈り

宇宙は愛に満ちています。

そのことが、感覚だけでなく、科学的にもわかってきました。

2003年からはじまった衛星観測によって、宇宙全体の物質の73%がダークエネルギー、23%が暗黒（ダークマター）で、私たちが知っている水素やヘリウムなどは、わずか4%だということがわかってきました。

わからない暗黒の部分は、合わせると96%あります。「これがもしかしたら愛ではないか？」という仮説があります。

宇宙が愛で満たされていることが科学的に解明されたら、本当に素晴らしいことです。

やっと科学がスピリチュアルな内容にまで近づいてきました。

いよいよ宇宙時代の到来です。

宇宙に意識が向くことで、今までの人生の流れが大きく変わろうとしています。

意識が向くところが今の私たちが住んでいる世界になります。

「宇宙は愛に満ちている。だからすべてはうまくいっている」

そう確信が持てたら、愛を込めて祈ることがもっと楽しくなってきます。

もっと軽やかに楽しく祈ることができます。

宇宙はスピンでできています。マクロは銀河から、ミクロは細胞や原子に至るまで、スピンしているのです。

宇宙に満ちている愛の力がスピンするように働いているのです。

スピンを意識して祈ると、根源のパワーにつながります。

大好きな映画『スウィング・ガールズ』にも出てくるジャズの「ｓｉｎｇ ｓｉｎｇ ｓｉｎｇ」の曲に合わせて、「スピン、スピン、スピン」という歌を作りました。

スピン、スピン、スピン、スピン

宇宙はスピン
まわれ、まわれ、銀河のように
スピン、スピン、スピン、スピン
宇宙はスピン
踊れ、踊れ、輪になって踊れ

歌いながら、スウィングしながら、宇宙の根源のしくみに触れることができます。祈りも音楽に乗ると、さらに楽しくなります。讃美歌も声明も、すべて音楽、音霊、言霊です。

真面目で面白くないものは、人々を魅了しません。また楽しくて可愛いもの、ワクワクする躍動感があるものには、人々が集まってくるのです。

『天使にラブソングを…』という映画をご存知でしょうか。真面目な讃美歌を歌っていた修道院で、あることをきっかけに次第にリズミカルなスウィングのゴスペルに変わり、そしてそのうち、聞いている人々までがスウィングしてしまうという、歌のマジックの素晴らしい映画です。

楽しそうな歌声に引き寄せられ、次々に若者が教会の中に入ってくるシーンは、楽しいゴスペルの大勝利だと思って見ていました。

歌と祈りが合体すると、そこにリズムができて、スピンができます。

スピンできると、細胞や体の7割の水の分子が本来のリズムを取り戻し、調子がよくなっていくのです。

ユートピアを創り出すお祭り

歌や踊りが祈りと縁が深いということは、お祭りを思い描けば、すぐに想像できます。

お祭りは歌と踊りと楽器演奏で、みんなが笑顔になります。ふだんの生活を忘れて、お祭りの楽しさに没頭しています。

お祭りのときには、自然にその場はユートピアになっているのです。

お祭りはみんなで楽しく祈る行事です。

御神輿《おみこし》を担いで、わっしょい、わっしょいと元気に練り歩いて、大々的な祈りの儀式なのです。

日本人は、お祭りが大好きです。

祈りが大好きなので、お祭りも大好きなのです。

全国のお祭りの数を県別に数えてみると、1年間に日本では496回のお祭りがありました。毎月、日本のどこかの40箇所でお祭りがあるということです。

沖縄では1年間で18回のお祭りがあります。

一番お祭りが多い県は千葉県で、99回もお祭りがあります。京都は多そうですが28回です。

お祭りは昔、干ばつのときに、村のみんなで雨乞いの祈りをしたことからはじまりました。生きていくために、稲や野菜の収穫のために、雨を降らしてほしいという祈りをみんなでささげ、その願いが通じたことからお祭りを定期的にするようになりました。

もしあなたの住んでいるところでお祭りがあったら、ぜひ参加してみてください。きっと集団の祈りのパワーに包まれて、いつもと違う感覚が広がります。

その感覚は、日常に戻ったときに、新たな発想を生んだり、やる気を引き出したり、生活をもっとスムーズに豊かにするヒントになると思います。

世界各国でお祭りがあるのは、集団の祈りによってパワーを生み出し、またそれぞれの成長をお互いに交観し合えるからかもしれません。

宇宙へ届けるはがき

私たちは何かに行きづまったときに、突破口を探すためにも祈りをしてきました。

そこに愛が込められると、愛で満たされている宇宙がしっかり反応して、その祈りが叶えられる状況を与えようとしてくれます。

このとき、漠然と祈るよりも、目標が設定されているほうが、宇宙は願いを叶えやすいのです。そして、何度も同じ祈りを続けることも効果的です。

「またあの人がリクエストして祈っている。やっぱり忘れられないのか」と宇宙が応じてくれるのです。

たとえば、ラジオの音楽番組にリクエストはがきを出すとき、採用してもらえるように可愛いイラストやギャグ満載の文を書くと、ＤＪの目にとまりやすくなります。

同じように、祈りは私たちの思いと宇宙とをつなぐはがきだとしたら、わかりやすいように祈りを送ればいいのです。

宇宙放送のディスクジョッキーへ、宇宙さんへのメッセージを、祈りというはがきに書くのです。

「○○ができました。ありがとうございます！」と先にお礼を言ってしまうのがコツです。さらに「宇宙さん、○○をありがとうございます！」と宇宙さんへの直接リクエストもありです。

私は沖縄に移り住んでから、海辺で朝遊んでいたときにカニさんに出会ったのが運命的でした。はっとひらめいて作ったのが、「カニ踊り」です。

カニの爪はピースサインで、平和の象徴でもあります。Vの形は大勝利のサインでもあります。

「カニ踊り」は魔法の言葉「すべてはうまくいっている！」を唱えながら横歩きするととてもシンプルな踊りですが、これも宇宙への短い祈りともいえます。

あるとき、沖縄の女性で子育ても無事に終わり、女性問題の多い夫に愛想が尽きて、早く光に帰りたいとうつになっている方が来院されました。

彼女の解放した時代はスコットランド時代で、赤いタータンチェックのスカートをはいてバグパイプを演奏していた男性でした。

来院したときの彼女も赤いタータンチェックのシャツを着ていました。そのときの解放には、ぴったりの衣装です。

「その時代のあなたの奥さんが、今のご主人です。料理だけは得意でしたよ。さらに江戸時代は育てられなくて里子に出した息子でした。ご主人は手のかかる長男でもあったのです。再育児もやり遂げました。よく頑張りました。おめでとうございます！」

そう解説すると大笑いになって、暗い雰囲気が一掃されました。

「納得です、今も味にうるさいです！　そして手のかかる長男でしたか。このタータンチェックのシャツは大好きでよく着ますが、前世の時代がスコットランドだったと聞いて納得です！」

とニコニコしながら、こう続けました。

「主人への見方が変わりました。これから何とかやっていけそうです。来てよかったです」

私はほっとして、解放記念に海が見える〝バンザイテラス〟で、元気よくバンザイ三唱と、「すべてはうまくいっている！」と言いながら「カニ踊り」をしました。

患者さんがキラキラの笑顔になって帰っていかれるのを見ると、こちらも元気が出てきます。この仕事をして本当によかったと思える瞬間です。

そして必ずセッションを終わったあとに、その方の幸せを祈って愛の祈りをします。

愛と才能を引き出す光の存在を見つける

祈りは見えない世界とのコミュニケーションにとても便利です。

私は生まれる少し前から自分を守ってくれている守護天使や、専門分野の指導霊と祈りによって通じ合ってきました。

たとえば仏教でも、大日如来に祈りたい人や、千手観音に祈りたい人、あるいは不動明王が大好きだったり、毘沙門天が大好きだったりと、〝お気に入り〟の光の存在は人それぞれです。

私は千手観音が大好きなので、チベットに行ったときにも千手観音の仏画（タンカ）に一目惚れして、購入してきました。「天の舞」の瞑想ルームの真ん中に飾っています。瞑想や座禅をするときに、ちょうど真正面に位置していて、自然に祈りの対象が千手観音になります。

千手観音は、私たちが過去生でいろんな体験をしてきた技能の数である、千の手を内蔵している象徴的存在です。

仕事で、もっと才能を引き出したいときに、祈りの対象にすると引き出しが開いてきます。アロマはジャスミンの香りがおすすめです。

沖縄ではジャスミンティーのことを「さんぴん茶」と呼んでいますが、沖縄の人々は、さんぴん茶をたくさん飲んで才能をどんどん開くので、本当に芸達者です。歌ったり踊ったり、三線《さんしん》を弾いたりと、才能豊かです。

越智家のお墓を守ってくれている清水寺も、ご本尊は千手観音です。

あるとき、スピリチュアルな雑誌の連載記事に岡本太郎さんのことを書いたので、太郎さんの作品の写真を載せたいと岡本敏子さんにダメもとでお願いしたことがありました。何と許可が取れたのですが、その作品もまた「千手」でした。自分が好きな祈りの対象は、日常生活の中でも何気に引き寄せています。

2014年の元旦から、急にアクリル絵の具で「白ターラ」の絵を描きはじめました。チベットへ旅した友人が購入してきた白ターラの絵を見て、「これを描きたい！」と思ったのです。その絵をお手本にして3週間で描き上げてしまいました。

それはとてもカラフルで力強い絵です。その流れで、一番描きたかった千手観音の絵も旧正月から描きはじめ、3月9日に出来上がりました。それは本当に千本の手を数えながら描きました。

千手観音は、いろんな才能や技能を統合するので、大きなプロジェクトに取り組むという統合の時代にはぴったりです。

最近、講演会やセミナーで千手観音の絵を披露して、みなさんの創造性を活性化しています。

みなさんも自分の中の千手観音を意識して、どんどん才能を引き出しましょう。

また、お気に入りの光の存在が変わっても大丈夫です。自然の流れにまかせて、祈る対象も変えてみましょう。

天使が好きな人は、天使に祈り、対話して、天使グッズを引き寄せます。

太陽が好きな人は、日の出を拝み、天照大御神と対話して、いつも晴れに恵まれます。

星空を眺めて祈る方もいます。金星が懐かしくて、毎晩金星に祈っている人もいます。

自分の直感でひらめいた光の存在を大切に祈りましょう。

自分の中の宇宙に、応援してくれるあらゆる光の存在がいます。天使や観音様、あるいはマリア様など自分のお気に入りの方に祈りましょう。これはまるで、祈りのネットワークができるかのようです。

それぞれの魂の歴史の中で、祈りやすい対象があると思います。それはきっと、今のあなたにぴったりの応援団で、必ず見守ってくれています。

『ダ・ヴィンチ・コード』のチャレンジ

最近は、マリア様がよくイメージに出てきます。セミナーや講演会でも、瞑想のときにマリア様が優しいまなざしで守ってくれているような、そんな不思議な感覚がするのです。

天使に「どちらのマリア様かしら？　イエス様のお母様の聖母マリア？　それとも奥様

のマグダラのマリア様？」

そう聞くと、「もちろん奥様のマグダラのマリア様よ！　いよいよ女神性が開く時代なので、マリア様のお働きが大きくなるのよ」

と答えてくれました。


大変革の2013年6月に、セミナーツアーでポルトガルに行きました。

ポルトガルには、フランスのルルドに並ぶマリア信仰のメッカ、ファティマがあります。聖母マリアが出現した有名な場所です。それもイエス・キリストの母親の聖母マリアではなく、妻だったマグダラのマリアが出現したのです。

ファティマだけではなく、ポルトガルのあちこちにマリア様が出現していました。それだけマリア様の存在が必要だったことや、マリア信仰が深く浸透していたということがわかります。

なぜそんなにマリア信仰が必要だったのでしょう。

それはマグダラのマリアが、イエス・キリストの一番弟子だったからです。

イエス・キリストの愛の祈りをそのまままきちんと受け止めたのが、マグダラのマリアだ

ったからです。

イエス・キリストの弟子だったペテロは、マグダラのマリアが一番弟子であることにとても嫉妬していました。その図がレオナルド・ダ・ヴィンチの壁画「最後の晩餐」にしっかりと描かれています。

イエス・キリストの隣に描かれているのは、ヨハネではなくマグダラのマリアです。その横にペテロがナイフを持って脅しています。

映画にもなった『ダ・ヴィンチ・コード』（角川書店　ダン・ブラウン著　越前敏弥訳）でそれが暴露され有名になりました。ブームになったので、その映画を見た方も多いと思いますが、私は怖いシーンが多くて時々手で目を覆いながら、主人に「もう大丈夫？」と聞きながら見ました。

何よりも衝撃的だったのは、イエス・キリストはマグダラのマリアと結婚していたということです。そしてさらに、磔《はりつけ》のときには身ごもっていて、南フランスに逃れて娘サラを産んだということでした。その末裔《まつえい》がイギリスに残っているそうです。

イエス・キリストが普通の人のように結婚し、子孫も残していたということがもし本当なら、なぜバチカンはそれをずっと隠していたのでしょうか。

バチカンが隠していなければ、きっと今のクリスマスカードは、キリストの温かく家庭的な絵のカードにあふれていることでしょう。

一人の男性の嫉妬から、大きな宗教の流れを変えてしまうパワーが生まれたのです。

でも矛盾があります。

どんなに女性を押さえつけても、その女性を男性は愛し、そして女性から男性も生まれてきているのですから。

男性性の社会では、「女性蔑視」と「女性尊重」がバランスよく仕組まれています。レディーファーストがその例です。紳士が女性を敬うかのような習慣も、大切なところでは女性の自由がないことで、バランスを取っています。

マグダラのマリアを信仰するマリア信仰も、いつの間にかイエス・キリストの聖母マリアにすり変えられてしまいました。

マグダラのマリアが娼婦であると間違って伝えられ、長い歴史の中でそれを信じ込まされてしまったのです。

区別するためにマグダラのマリア像の顔を黒くしているところもあります。これも宗教における洗脳です。

『ダ・ヴィンチ・コード』は、その洗脳を解くためにチャレンジをしました。

バチカンも「マグダラのマリアは娼婦ではなかった」と1969年に訂正していますが、長年の人類の思い込みが浸透しているので、いまだに信じている人が山ほどいます。

バチカンは「権力大好きグループ」に入っていると思います。それはバチカンに行けばわかります。

サン・ピエトロ大聖堂の外も中も、権力の象徴的なデザインにあふれていて圧倒されます。

入口の大きな鉄の扉には、異端者が鉄線で蓑虫《みのむし》のようにぐるぐる巻きにされてぶら下がっているモチーフがレリーフになっています。

つまり、「ちゃんと信仰しないとこんな目に遭いますよ」と入口から見せつけているのです。

当時は、聖書を読める人が少なかったので、視覚的に表現されているのです。

こわごわと中へ入っていくと、右側にミケランジェロの「ピエタ像」があります。磔に

ミケランジェロ作のピエタ像（サン・ピエトロ大聖堂）

あった直後のイエス・キリストを、マグダラのマリアが抱きかかえた大理石の彫像です。

多くの人は、聖母マリアだと思っていますが、よく観察すると、とても若い女性です。母親には見えません。

聖母マリアがイエス・キリストよりも若く見えることは、ずっと話題になっていました。聖母マリアは年をとらないのだという、こじつけのような説まであります。

さらにイエス・キリストを抱きかかえるマリアの体は、肩幅が異様に広く、下半身もかなり頑丈で男性的です。これもとても不自然です。

実はこれにも意味があります。顔は妻として、体は一番弟子としてこれからも支えていきますという意図が隠されていると思います。きっと体は若い男性を、頭は若い女性をモデルにしたのでしょう。

イエス・キリストとマグダラのマリアの2人だけの絵や像が、その後に残っていない中で、皮肉なことに、バチカンのピエタ像だけが夫婦の貴重な像なのです。

解放の流れはバランスの時代へ

宗教の世界にも、思い込まされていた洗脳がずいぶんとありました。

歴史上の洗脳が解けると、今に続くさまざまなことがクリアになって、光がさしてきます。

キリスト教は、イエス・キリストの「男女平等の教え」や「本来人間は罪はなく、神の子」という教えが、後の弟子たちによって、「女性は罪深い」「本来人間には原罪がある」と変えられてしまいました。

マグダラのマリアが娼婦ではなく、イエス・キリストの妻で、かつ一番弟子だったことがわかるだけでも、キリスト教を信じていた時代のある魂は、大きな洗脳がひとつほどけて、楽になるのです。

それは、たとえ仏教徒でもほどけます。なぜなら、法然や親鸞の時代に過去生がある魂は、キリスト教と同じような「他力の教え」に導かれているからです。

とくに親鸞に続いて妻帯した僧の魂は、不必要な罪悪感が解放されます。

五木寛之さんの『親鸞』を読んで、親鸞とガンジーさんに共通するエネルギーを感じました。ともに性エネルギーがあふれ出ることに悩みながら妻帯し、その煩悩に苦しみます。ともに人間らしくあるがままの自分を受け入れて、煩悩が激しいだけに、自力だけでなく他力を求めるところが、キリスト教に近いかもしれません。

そう思っていたら、やはり同じように感じている説を引き寄せました。

副島隆彦氏の斬新な仏教論『隠された歴史――そもそも仏教とは何ものか？』（ＰＨＰ研究所）の中で、仏教は後の人々が勝手に作り出したもので、とくに禅宗以外の大乗仏教は、キリスト教の救済思想の影響を受けているというのです。

紀元2世紀に、キリスト教が仏教の中に紛れ込んだという説にはびっくりしました。

さらに日本のお寺に所蔵している観音菩薩像は、イエスの妻だったマグダラのマリアがモデルだというのです。

奈良の中宮寺の如意輪観音像や、京都の広隆寺の弥勒菩薩の半跏思惟像は、日本で一番美しい女性の仏像といわれています。

ソチオリンピックに出場したフィギュアスケートの浅田真央選手が、フリーで素晴らしい演技を見せてくれましたが、そのときの彼女の顔が弥勒菩薩にそっくりなので、さらに感動しました。女性が本来の輝きを出したとき、菩薩になれるのかもしれません。

親鸞上人の浄土真宗は、南無阿弥陀仏と念仏を唱えれば救われるという救済思想で、他力の教えです。

本来お釈迦様は自力を教えています。禅定《ぜんじょう》という座禅を組んで断食し、内なる宇宙から外の宇宙まで意識が到達した先に、自分の体の中に戻ってきたという直接体験をされています。そのとき悟って、宇宙の一部である体も大切にしようと思われたのです。

この体験が「中庸の教え」につながっていきます。

自力と他力の教えのどちらがいいのかは、人それぞれです。きっと長い魂の歴史の中では、両方を体験しているはずです。

現代の私たちには、この自力と他力のほどよいバランスがぴったり合っていると思うのです。どちらかを競うのではなく、両方ほどよくブレンドです。

エネルギーのバランスを取るために、いろんな時代に生まれ変わって、いろんな体験を味わっているのです。

さまざまな実験をくり返して、だんだんと自他ともに、ほどよい加減が見つかってくるのです。

そして、自力と他力がほどよくブレンドされたときに、「天然」に突き抜けていくのではないでしょうか。

あなたは、今どんな感じですか？

自力ですか、他力ですか。それともすでに、ほどよくブレンドされていますか？

その先にはきっと「天然」の境地が待っています。

笑いは「天然」まで突き抜ける！

どんな状況にあっても大爆笑をしていたら、どんなマイナスの力も及びません。なぜなら、笑いころげるほどの状態は、宇宙を突き抜けて「天然」に到達しているからです。

宇宙を創っているのが、天然です。

天然の境地は、どんな状況も乗り越えることができます。

天然が宇宙を創っていることを知って、さらに笑いの深い意味がわかってきました。

なぜ神様が笑いを好むのか、なぜ無垢《むく》な子どもが笑いを好むのか、なぜ霊ちゃんは笑いが苦手なのか、なぜ笑うと福が来るのか……。


なぜなら、笑いは宇宙を突き抜けて、宇宙を創っている天然の世界に通じるからです。

どんな脅しや不安や恐怖も、笑いがあれば効力を失うのです。

笑いころげている人に、マイナスの波動は近づけません。光があふれてまぶしくて、そばに近寄れないのです。

大爆笑は、ウルトラプラスのエネルギーを放ちます。

大脳も「自分は幸せで元気だ」と思い込んで、体中の全神経に伝達します。

小さなことにも嬉しそうにニコニコ笑っていると、どんな霊ちゃんもあきらめて憑くことはできません。波動が違いすぎてそばに寄れないのです。

逆に顔の表情が暗くて不安でいっぱいだと、霊ちゃんのほうからは、とても見えやすくなります。よく見えるので、とても憑きやすいのです。

明るい表情で人に温かく、そして清潔にして姿勢をよくしていれば大丈夫です！　そしてもちろん、笑顔で時には大爆笑することです。

もしびっくりするような予想外なことが起きたとしても、不安になったり心配し過ぎる人よりも、面白がっている人のほうが、確実にそのあとの流れが楽しくなっていきます。

笑いがいっぱいのところには、自然と祈りの場ができます。そして笑いは、祈りの力を倍増させます。

あなたも天然になって、めでたく面白くなってみませんか？　そうすると軽やかにシンプルに祈りも、天然にまで突き抜けていくのです。

もし1回でも人から「あなたって天然ね～」「君は天然の要素を持っているよ」と言われたことがある人は、スムーズに「天然の祈り」をすることができます。

もしかすると、そういう人にとっては、祈りはそれほど特別なものに感じていないかもしれません。それほどさり気なく、ふと思うだけで、それは祈りになっていくのです。

このような天然の祈りは、最強です。天然の人が祈ると、宇宙を創れます。創造のパワーが自由に爆発します。

天然の意識になると、スピンするパワーも強くなります。

変わりたいと思ったらすぐに「エクスタシーチェンジ」を引き寄せます。

遺伝子博士の村上和雄先生は、著書の中で、「アホになれ」という表現を次のように解説しています。アホな祈りが、日本の力になるそうです。

「あれこれ考えるのではなく、とにかく信じる。まわりからアホのように見られようとも、自分を信じることです」

「たいへんな状況であっても、明るくものごとを肯定して周囲をまきこんでいく明るいアホな人が増えれば増えるほど、日本の将来も明るいものになっていきます」

あなたも天然になりませんか？

すでに天然になっている人は、安心してください。あなたがちょっと思うだけで、それは祈りとしてあらゆることを引き寄せます。思った通りになるからです。

天然の祈りは、明るくさりげなく、笑顔がいっぱいです。宇宙から引き寄せる力も最強なのです！

心身を健康にする祈り

祈りに興味がある人は、見えない世界のことも自分の世界観にきちんと入っているので、いろんな空想をすることや、イメージすることが大好きです。

そのため思考が〝ゆるゆる〟になっていて、意識に余裕があります。

祈りを自然に習慣にすることは、確実に5次元以上の光の世界とのコンタクトを頻繁にすることになり、自分の中にある光も刺激を受けてあふれるようになってきます。

わざわざ祈るという感覚ではなく、当たり前のように祈りが日常化することで、見えない世界や多次元とも、もっとお近づきになれると思います。

今まで講演会やセミナーの瞑想のときに、私は自分を守ってくれている守護天使との対話をおすすめしてきました。

どんな人でも、必ず1人はそばにいてくれるのが守護天使さんです。

親しみを込めて、呼びやすい名前をつけてあげてください。

その名前で呼んでみると、より実感がわいて話しやすくなります。

最初は自問自答のような感じがして、これで本当に天使との対話になっているのかしらと半信半疑になりますが、そのまま続けていくと自然体になってきます。何でも慣れが大切です。

守護天使との対話が自然になると、同時に祈りが自然にできるようになります。そうして家族や友達の幸せと感謝を祈ってみましょう。

あまりかしこまらないで、リラックスして自然体で祈ることが大切です。

念を込めないで、軽やかに短く祈ってみましょう。

長くしつこく祈るほうが、効き目があるように思いますが、それは素敵な勘違いです。

あまり長くしつこいと、それは執着になってしまいます。

また、実は祈る対象の人のことを知らなくても祈りの効果はあります。また逆に、祈りの対象となった人が、祈られていることを知らなくても有効なのです。

今回の本を書くにあたって、取り寄せた本の中にアメリカでの祈りの効果を研究されてきたラリー・ドッシー博士の本『祈る心は、治る力』（日本教文社　大塚晃志郎訳）は、素晴らしい内容でした。

他者のための祈りの効果を調査した科学的研究が130件以上もあり、その半数以上から祈りが有効的であるという、統計学的に見て有意な証拠が得られているそうです。

さらに250件以上の研究が、**祈りをはじめとする宗教的な行為は、健康を増進するという結論に達しているそうです。**

米国国立ヘルスケアリサーチ研究所の最近の調査結果では、アメリカの医師のほぼ半数は、患者のために祈っているそうです。また入院患者の半数近くが、医師とともに祈ることを望んでいるそうです。

ドッシー博士は、宇宙そのものが祈りであると述べています。

祈りが人間の長い進化のプロセスを生き抜いてきたということは、祈りが祈る人に何らかの利点を与えてきたということ。そして、祈りの力は離れた場所からでも人を癒すことができ、祈りによって心は時間と空間を超えることができるということを伝えています。

さらに相手を知らなくても、祈ることで相手の病気がよくなることがあると科学的に証明されたのです。

ペットと祈りの共通点

さらにこの本を読んで嬉しかったのは、ペットを飼っている人たちは、飼っていない人たちより、退院1年後の生存率が高いことがわかったそうです。

しかも、ペットを飼うことと祈りとの間には、驚くほどの共通点があるそうです。

ペットと祈りの共通点は次の通りです。

(1) 語りかける相手があること
(2) 慈しみのこもった行動であること
(3) 喜ばれ、温かく迎えられているという実感を抱けること
(4) 無条件に「何があろうと」愛されているという実感が深まること
(5) 心理的なストレスが軽減されること
(6) 自他の健康を増進し、命を救うこと
(7) 人と人の障壁を取りはらうことに役立つこと

いかがでしょうか?

私もミニチュアダックスフントを6匹と猫を1匹飼っています。世話をするのはおもに動物が大好きな主人ですが、私はとくに猫にはとても癒されています。この本を書くにあたっても、猫の花ちゃんにどれだけ励まされたかわかりません。

ただそばにいてくれるだけで、心強いのです。

アメリカのホスピスなどでは、ゴールデン・レトリーバーが医師や看護師たちとともに回診し、患者さんたちを励まし、ちゃんと治療チームの一員をりっぱに務めているそうです。

祈ることも同じです。祈ることで自分の好きな光の存在とつながっていると思うだけで孤独感が癒されて、心強いのです。安心感に包まれるのです。

さらに読んでいてワクワクしてきたのは、バクテリアや菌類、イースト、植物の種子、ラット、マウス、各種の細胞など、さまざまな対象の実験で、すべて祈りによって健康になったということです。

祈りはすべてのいのちを再生する力があるのです。

万物すべてに祈りが通じて、みんなが元気になることが証明されました。

祈りの効果はポジティブな信念があると、さらに強くなるそうです。

声に出して祈っても、黙って祈っても、離れた場所から祈っても、その人の枕元で祈っても、夢の中で祈っても、どんなふうに祈っても大丈夫です。

安心して自分のやりたいように祈りましょう。

前述した『祈る心は、治る力』の訳者の大塚晃志郎さん自身もクリスチャンのお祖母様の一心な祈りで、激痛で苦しんでいたお父さんの腎臓結石がみごとに割れて排出され、手術をしなくても回復したという体験をお持ちです。

私も似たような体験をしたことがあります。精神科のクリニックなのに、なぜか尿路結石の激痛で悩む男性が来院されたことがありました。

せっかくいらしたのでご縁があると思って、尿管で動けなくなっている石に医師が話しかけました。

「体から出ようとしてくれてありがとう！　大丈夫よ、ちゃんと通れるから」

そう言ってハンドヒーリングとヴォイスヒーリングをしながら、愛をこめて祈りました。

そして、近くの美味しいお蕎麦屋さんをランチにどうぞとすすめたら、蕎麦屋のトイレでカチーンといい音がして石が元気よく飛び出してくれたそうです。

「先生、何をしたんですか？　石が出ましたよ！」

「ありがとうとお礼を言っただけよ！　石に愛の祈りをすると、とげとげが溶けてつるんとなるのよ」

祈りとともに、生きる

イタリアのアッシジに、聖フランチェスコという有名な祈り人の修道士さんがいました。聖フランチェスコの人生を描いた『ブラザー・サン　シスター・ムーン』という古い映画があります。これは祈りの話がいっぱいの感動的な作品です。

ひたすら祈り続けた聖フランチェスコは、祈りと行動に生きた人でした。バラの花にも鳥たちにも話しかけて、愛について語りかけていたのです。

バラの花も愛の意味がわかったのでしょうか。フランチェスコが倒れたときに、そのまわりのバラたちが彼を傷つけまいと、一瞬にしてとげを消したそうです。

前述したガンジーさんも、祈りと行動に生きた人でした。

1931年にインド独立の大義を主張するために、ロンドンへ向かった船の中でのガンジーさんのスピーチがドッシー博士の本の最後に紹介されていました。


「祈りは私の人生を救ってくれました。私の人生は公私ともに苦しい体験が多かったのですが、絶望から救われたのは祈りのおかげです。祈りなしで幸福を感じることはできませんでした。祈りのない人生は単調でむなしいものです。

政治的には絶望しても、祈りのおかげで心の平安を保つことができたのです。

祈りの形にはこだわりません。毎日祈ってみて新しい発見があればそれでいいのです」


祈りについての素晴らしいエッセンスが語られています。

私も今まで波瀾万丈の人生で、祈りなしでは生きてこられませんでした。

大事な人生の転機で必死に祈って、守護天使や人生の応援団から助けてもらいました。

私自身が霊的に敏感なことを家族にも理解してもらえず、その孤独感を祈りと守護天使との対話で乗り切ってきました。

今では霊媒体質からも卒業して、明るい愛と笑いが大好きな自分にエクスタシーチェンジできました。

ずっと祈り込んできたからこそ、こうやって祈りについての本を書けるのだと思います。


祈りは、生きるために必要な宇宙や創造主へのリクエストです。


他力であっても、必死で祈るしかないときに、祈っています。

あなたも祈りを日課にしてみましょう。

自分のためだけでなく、家族や友達や社会や地球のために祈ってみましょう。

祈るだけで、心が落ち着いて、心が明るくなります。

祈ることで、希望を持てるようになります。

祈ることで、孤独感が消えます。

祈ることで、あなたは一人ではなくなります。

祈ることで、見えない世界とつながることができます。

祈ることで、すぐそばにいる守護天使とつながります。

祈ることで、あなたのいのちがもっと輝きます。

祈ることを、今日から日課に、習慣にしましょう。

愛の祈り

一番大切な「愛の祈り」について解説をしましょう。

とてもシンプルで、すぐにできる祈りです。

祈りたい対象を決めて、その瞬間大きく深い愛を込めて、ひたすら相手の幸せと発展を祈ります。

愛を込めて、即興でメロディーだけのヴォイスヒーリングを奏でると、さらにパワーアップします。


東京で講演会とヒーリングセミナーをやる予定だったときのことです。

直前になって会場がダブルブッキングだったことに気づいて、急遽、北王子から両国に変更になりました。

最初は国技館のそばなので、まさに土俵入りだと喜んでいたのですが、隣は東京都慰霊堂で、関東大震災と太平洋戦争で亡くなった16万人の方々が祀られていたのです。ヒーリングセミナーの参加者の方が、「祈りをしてほしい」というメッセージを受け取りました。

いつ愛の祈りをするのかなと思っていたら、2日目のカラーヒーリングのセミナーのとき、実習の前にみんなで円を作ったときにふと直感がきて、その時が来ました。

ちょうど愛の周波数の528Hzの音叉を持参していたので、それをチーンと円の真ん中で鳴らしながら、みんなでヴォイスヒーリングをして、愛の祈りをしました。

アマテラスのマントラを唱え、真言密教の光明真言も唱え、528Hzの響きも加わると、大きな光の柱が立ちました。

たくさんの御霊《みたま》が光の柱の中を上って、光に帰っていきました。

それは素晴らしい愛の祈りになりました。

そしてそのあと、なぜ直前にセミナー会場が変更になったのか、スピリチュアルな深い意味がわかりました。

愛の祈りが終わったとたんに、参加者のみなさんが口々に体が楽になったとびっくりしているのです。肩や腰が重かったり痛かった人が多かったのです。

きっと縁のある魂さんが、このときの大きな浄化を目指して、参加者の肩や腰を頼っていらしたのです。

そこで愛の祈りが必要だったのです。

大きな光の仕事ができた瞬間でした。そしてまた、それをみんなで体験できたことは、さらに感動的でした。


愛の祈りは、愛を込めてひたすら祈るだけです。

一人で祈っても素晴らしいことが起きますが、たくさんの人と祈ると、もっと素晴らしいことが起きます。

愛でいっぱいの宇宙に響き渡って、宇宙が共鳴して愛がさらに大きく広がるのです。

宇宙が参加することで、さらにみんなの愛の祈りが大きく力強く働きます。

女性性を解放して、女神性を開いていきましょう

いよいよ、今までの思い込みがとかれて、新しい愛の時代がはじまります。

女性性の解放があらゆる人に起こります。そして、左半身の女性エネルギーがスムーズに流れるように感じられます。

東洋医学では、男女問わず、右半身が男性エネルギー、左半身が女性エネルギーだと解説されています。

女性性が抑圧されていると、左半身のエネルギーがブロックされ、怪我や病気が左半身に出やすくなります。ブロックが解放されると、女性エネルギーの流れがよくなるので、左側の肩甲骨のまわりが軽くなり、まるで翼の付け根がしっかりして、空を飛べるような感覚になります。

ずっと抑圧されてきた女性性が開かれて、大きく羽ばたくときがきました。

女性性が元気になると、社会は戦いをやめて平和へと進みます。

女性性のエネルギーは、育成、維持、調和、感性などをつかさどっています。

それらはユートピアのために、とても必要なエネルギーです。

愛を込めて女性性を開いて、さらに女神性まで開いて祈ってみましょう。

女神性は、女性性がさらに波動アップされたパワフルで優しいエネルギーのことで、寛

容と愛がとくに深いのです。

女神性を開くには、マリア様、または千手観音や如意輪観音、阿弥陀如来などをイメージして祈ると開きやすいでしょう。

フランスのルルド、ポルトガルのファティマに行くと、マリア様が現れたところなので、さらに女神性も開きやすくなります。

またはお寺に行って、ご本尊の千手観音や如意輪観音、阿弥陀如来などをお参りして祈りましょう。京都や奈良だけでなく、近くのお寺も訪ねてみましょう。

遠くまで行けないときには、写真や絵はがきを見ることでも女神性が開いてきます。掛け軸や仏画を飾って、その部屋で座禅や瞑想や祈りをしても同じように効果があります。

それぞれが自分のやりたいように、愛を込めて祈ったら、女神性が開いて自分の持ち場でユートピアを創ることができるのです。

魂は響きです。愛を込めて響かせると自分の宇宙の中心につながります。
愛のチャンネルにつながることが、愛の祈りの本質です。

ユートピアへの扉が開かれる

とうとう最終章の最後になりました。

愛の祈りが宇宙にこだまして、素晴らしい愛の交響曲になります。

その響きに共鳴する人やものが、さらに同調して共鳴すると、愛の交響曲はさらに大きく広がります。すべてのいのちが共鳴して愛の歌を奏でます。

愛を発するハートが共鳴して、さらにたくさんの愛があふれてきます。

まさに喜びの歌です。

ベートーベンが作曲した、第九番の交響曲の喜びの歌です。

「歓喜の歌」を歌うとき、自然と宇宙の天然まで到達して、まさに感極まります。これこそ祈りの最高の境地です。それを1万人の大合唱で歌えば、至福感に包まれて、人生最高の瞬間になります。

ベートーベンは、耳が聴こえなくなるという作曲家としては最大の危機を迎えますが、それまでの音楽の経験積み重ねが潜在意識にしっかりと残っていたので、作曲を続けることができました。

たゆみなくひとつのことを続ける努力をすると、美しく織り成す錦のような光の織物になります。これは肉眼の目には見えないかもしれませんが、心の目（第三の目）ではしっかりと感じることができます。

もうすでに、あなたの光の織物はかなり美しく出来上がってきています。

今日からそれを意識すると、織姫のようにさらに楽しく織っていけます。それをまとう時期も訪れます。

地球上がユートピアになったときに、その織物で最高の衣装を作って、踊るのです。


愛の祈りを習慣にしましょう。

すべてはうまくいっている。

あなたがさらに輝いて、人生を楽しんで過ごせるように心から祈っています。

あなたの魂にブラボー。

たくさんの人生を体験してきた素晴らしい魂です。

生まれてきてくれてありがとう。

あなたのおかげで、たくさんの人々が笑顔になっています。
あなたの人生にブラボー。
あなたの魂が体験したかったことを着実にこなしています。
あなたの愛の祈りにブラボー。
あなたの愛の祈りが光として、縁あるすべての人に届けられています。
愛の祈りをありがとう！

私たちの愛の祈りで、地球ユートピアへの扉が開かれていきます。
地球を愛の祈りで包みましょう！

あとがき

この本を読んでくださって、本当にありがとうございました。

祈りについて、少しでも新たな理解と、習慣にできるヒントが見つかったでしょうか？

祈りが自然に楽しくできるようになったでしょうか？


祈りは、とてもシンプルですが、奥が深くびっくりするほどの力を持っています。それをわかっていただくためにいろんなエピソードを紹介しました。

この本を書いたあとにも、続々と祈りの奇跡を感じる出来事が増えています。

ますます祈りが必要な時代になってきたと実感しています。

本を通じて、いろんな方々にメッセージやヒントを提供できるのが嬉しくて、ハードスケジュールの中でも心から楽しく書き続けることができました。

私はずっと祈ることが自然に日課になっていたので、この祈りの本を書くことができて、とても嬉しいです。

本を書く度に、いろんな発見と学びがあります。

ゲラをチェックしている時に、本屋で『PRAY FOR JAPAN――3・11 世界が祈りはじめた日』という本を見つけて、この本で紹介することができました。

いろんな国の人々からの温かい祈りのメッセージに心が熱くなり、とても癒されました。祈りの素晴らしさを改めて強く感じることができました。

ずっと祈りの人生を過ごしてきた私にも、本を書くことでさらに祈りの素晴らしさや奥深さに触れることができて、ますます祈りが大好きになりました。

この本は、まさに自分のためでもありました。

それが、少しでもみなさまに役に立ったら、本当に心から嬉しく思います。

素敵なタイトルを提案してくれた編集者の真野はるみさんに感謝です。しっかりと原稿を読み込んで、分かりやすい流れに編集してくださいました。編集長の後藤高志さん、ありがとうございました。素敵な表紙をデザインをしてくださった高瀬はるかさん、ありがとうございました。

ずっと応援してくれた家族にありがとう！

沖縄の煌セラの伊地代表、啓子びっくり企画のスタッフのみなさん、天の舞のスタッフのみなさん、いつも応援をありがとう！

そして、あろは、エッセンス、クラリス、スターローズ、天然香房、リフレックス、沖縄インターネット放送などの楽しい仲間たちのおかげで、講演会、ミニ講演会、ワーク、ヒーリングセミナーなどを続けることができています。

本土では、埼玉の神辺さん、名古屋の川井さん、軽井沢の新井さん、福島の長尾さん、宝塚の河野さん＆山本さん、新潟の板倉さん、北海道の能登谷さん、久留米の山本さん、林さんご夫妻、飛騨高山の大圓さん、半田の藤井さん、松江の米澤さん＆大野さん、和歌山の西本先生、徳島の井坂さんご夫妻＆渡部さん、高知の久保田さん、岡山の歳森さん、講演会やセミナーでお世話になっています。本当にありがとうございます。

クリエイティヴスクールやヒーリングセミナー、そして講演会やワークに参加してくれたみなさん、本当にありがとう！

とてもたくさんの方々に、支えられて、活動ができています。

みなさんの人生が、楽しく祈ることで、さらに輝いて幸せな毎日になりますように！

ゆったりとした平和で素敵な、愛と笑顔がいっぱいの世界を、愛の祈りで実現できるようになることを、心から祈っています！

2014年　5月吉日

魂科医・笑いの天使・楽々人生のインスト楽多ー　越智啓子

越智啓子（おち・けいこ）

精神科医。東京女子医科大学卒業。東京大学附属病院精神科で研修後、ロンドン大学附属モズレー病院に留学。帰国後、国立精神神経センター武蔵病院、東京都児童相談センターなどに勤務。1995年、東京で「啓子メンタルクリニック」を開業。99年沖縄へ移住。過去生療法、アロマセラピー、クリスタルヒーリング、ヴォイスヒーリングなどを取り入れた新しいカウンセリング治療を行う。現在、沖縄・恩納村にあるクリニックを併設した癒しと遊びの広場「天の舞」を拠点に、クライアントの心（魂）の治療をしながら、全国各地で講演会やセミナーを開催し、人気を呼んでいる。おもな著書に『人生の選択』（徳間書店）、『魂のしくみ』『愛のしくみ』（青春出版社）、『今が、ベストタイミング！』（大和書房）など多数。

ホームページ
http://www.keiko-mental-clinic.jp/

本文写真　アマナイメージズ
DTP　株式会社三協美術

一瞬で愛に満たされる
祈りの奇跡

2014年6月9日　第1版第1刷

〈著者〉　越智啓子
〈発行者〉　清田順稔
〈発行所〉　株式会社 廣済堂出版
〒104-0061 東京都中央区銀座3-7-6
〈電話〉　03-6703-0964（編集）　03-6703-0962（販売）
〈Fax〉　03-6703-0963（販売）
〈振替〉　00180-0-164137
〈URL〉　http://www.kosaido-pub.co.jp

〈印刷・製本〉　株式会社廣済堂

ISBN　978-4-331-51837-3　C0095